Gioacchino Rossini

Il barbiere di Siviglia

Melodramma buffo in due atti

Der Barbier von Sevilla

Komische Oper in zwei Akten

Textbuch Italienisch / Deutsch

Libretto nach Beaumarchais
von Cesare Sterbini

Übersetzung von Thomas Flasch
Nachwort von Albert Gier

Philipp Reclam jun. Stuttgart

Der Übersetzung lag das 1987 bei G. Ricordi, Mailand, erschienene italienische Textbuch zugrunde.

Universal-Bibliothek Nr. 8998

Gesamtherstellung: Reclam, Ditzingen. Printed in Germany 2004

ISBN 3-15-008998-0

www.reclam.de

Il barbiere di Siviglia

Der Barbier von Sevilla

Personaggi

IL CONTE D'ALMAVIVA . . . . Tenore
BARTOLO, Dottore in Medicina, tutore di
Rosina . . . . Basso comico
ROSINA, ricca pupilla in Casa di Bartolo . . . . Contralto
FIGARO, barbiere . . . . Baritono
BASILIO, Maestro di musica di Rosina, ipocrita . . . Basso
FIORELLO, servitore d'Almaviva . . . . Tenore
AMBROGIO, servitore di Bartolo . . . . Basso
BERTA, vecchia cameriera di Bartolo . . . . Soprano
UN UFFICIALE . . . . Basso

Cori e Comparse:

Un Notaio – Alguazil (Birri), Soldati – Suonatori d'Istrumenti

La scena si rappresenta in Siviglia.

Prima rappresentazione:
Roma (Teatro di Torre Argentina) 20 Febbraio 1816

Personen

GRAF ALMAVIVA . . . . Tenor
BARTOLO, Doktor der Medizin und
Vormund der Rosine. . . . . Baß-Buffo
ROSINE, reiches Mündel im Hause Bartolos . . . . . . Alt
FIGARO, Barbier . . . . Bariton
BASILIO, Musiklehrer Rosines, Heuchler . . . . Baß
FIORILLO, Diener Almavivas . . . . Tenor
AMBROSIO, Diener Bartolos . . . . Baß
MARZELLINE, alte Aufwärterin Bartolos . . . . . . Sopran
EIN OFFIZIER . . . . Baß

Chöre und Komparsen:
Ein Notar – Alguazil (Stadtwache), Soldaten – Musikanten

Die Handlung spielt in Sevilla.

Uraufführung:
20. Februar 1816 in Rom (Teatro di Torre Argentina)

Inhalt

Atto primo / Erster Akt

Atto secondo / Zweiter Akt

Atto primo

Scena prima

Una piazza della città di Siviglia.

Il momento dell'azione è sul terminar della notte. A sinistra è la casa di Bartolo, con balcone praticabile, circondato da gelosia, che deve aprirsi e chiudersi – a suo tempo – con chiave.
Fiorello, con lanterna nelle mani, introducendo sulla scena vari suonatori di strumenti. Indi il Conte avvolto in un mantello.

No. 1 Introduzione

FIORELLO *(avanzandosi con cautela).*
Piano, pianissimo,
Senza parlar,
Tutti con me
Venite qua.
CORO. Piano, pianissimo,
Eccoci qua.
TUTTI. Tutto è silenzio;
Nessun qui sta
Che i nostri canti
Possa turbar.
CONTE *(sottovoce).* Fiorello ... Olà ...
FIORELLO. Signor, son qua.
CONTE. Ebben! ... gli amici?
FIORELLO. Son pronti già.
CONTE. Bravi, bravissimi,
Fate silenzio;
Piano, pianissimo,
Senza parlar.
CORO. Piano, pianissimo,
Senza parlar.

Erster Akt

Erste Szene

Ein Platz in Sevilla.

Die Handlung beginnt im Morgengrauen. Links das Haus Bartolos, mit begehbarem Balkon, dessen Jalousie – zu gegebener Zeit – mit einem Schlüssel zu öffnen und zu schließen ist.
Fiorillo, eine Laterne in der Hand, führt verschiedene Musikanten auf die Bühne. Dann der Graf, in einen Mantel gehüllt.

Nr. 1 Introduktion

FIORILLO *(nähert sich vorsichtig).*
Piano, pianissimo,
redet nicht,
alle zu mir,
kommt her.
CHOR. Piano, pianissimo,
hier sind wir.
ALLE. Alles ist still;
keiner ist da,
der unseren Gesang
stören könnte.
GRAF *(leise).* Fiorillo ... Hallo ...
FIORILLO. Gnädiger Herr, ich bin da.
GRAF. Gut! ... Deine Freunde?
FIORILLO. Sind schon bereit.
GRAF. Bravo, bravissimo,
seid still;
piano, pianissimo,
redet nicht.
CHOR. Piano, pianissimo,
redet nicht.

(I suonatori accordano gli istrumenti, e il Conte canta accompagnato da essi.)

No. 2 Cavatina

CONTE. Ecco, ridente in cielo
Spunta la bella aurora,
E tu non sorgi ancora
E puoi dormir così?

Sorgi, mia dolce speme,
Vieni, bell'idol mio;
Rendi men crudo, oh Dio,
Lo stral che mi ferì.

Oh sorte! già veggo
Quel caro sembiante;
Quest'anima amante
Ottenne pietà.

Oh istante d'amore!
Oh dolce contento!
Soave momento
Che eguale non ha!

Ehi, Fiorello? . . .

FIORELLO. Mio Signore . . .
CONTE. Di', la vedi?
FIORELLO. Signor no.
CONTE. Ah, ch'è vana ogni speranza!
FIORELLO. Signor Conte, il giorno avanza . . .
CONTE. Ah! che penso! che farò?
Tutto è vano . . . buona gente! . . .
CORO *(sottovoce).* Mio signor . . .
CONTE. Avanti, avanti.
(Dà la borsa a Fiorello, il quale distribuisce i denari a tutti.)
Più di suoni, più di canti
Io bisogno omai non ho.

(Die Musikanten stimmen die Instrumente, und der Graf singt, von ihnen begleitet.)

Nr. 2 Kavatine

GRAF. Sieh! schon lächelt am Himmel
das schöne Morgenrot,
und du stehst noch nicht auf
und kannst so schlafen?

Steh auf, mein süßer Traum,
komm, meine Geliebte;
lindere, o Gott, den Schmerz
der Liebe, deren Pfeil mich traf.

O Glück! Schon seh ich
das holde Gesicht;
mein Liebesflehn
hat Mitleid erweckt.

O Augenblick der Liebe!
O süßes Glück!
Zärtlicher Moment
ohnegleichen!

He, Fiorillo? . . .

FIORILLO. Gnädiger Herr . . .
GRAF. Sag, siehst du sie?
FIORILLO. Gnädiger Herr, nein.
GRAF. Ach, daß alles Hoffen vergeblich ist!
FIORILLO. Herr Graf, es tagt . . .
GRAF. Ach! Was denk ich! Was soll ich tun?
Alles umsonst . . . liebe Leute! . . .
CHOR *(leise).* Gnädiger Herr . . .
GRAF. Näher, näher.
(Er gibt die Börse Fiorillo, dieser verteilt das Geld an alle.)
Der Musik und des Gesangs
bedarf ich jetzt nicht mehr.

FIORELLO. Buona notte a tutti quanti,
Più di voi che far non so.
(I suonatori circondano il Conte ringraziandolo e baciandogli la mano e il vestito. Egli, indispettito per lo strepito che fanno, li va cacciando. Lo stesso fa anche Fiorello.)
CORO. Mille grazie ... mio signore ...
Del favore ... dell'onore ...
Ah, di tanta cortesia
Obbligati in verità.
(A parte.) Oh, che incontro fortunato!
È un signor di qualità.
CONTE. Basta, basta, non parlate ...
Ma non serve, non gridate ...
Maledetti, andate via ...
Ah, canaglia, via di qua.
Tutto quanto il vicinato
Questo chiasso sveglierà.
FIORELLO. Zitti, zitti ... che rumore! ...
Ma che onore? ... che favore? ...
Maledetti, andate via ...
Ah, canaglia, via di qua!
Ve', che chiasso indiavolato!
Ah, che rabbia che mi fa!
(I suonatori partono.)

Scena seconda

Il Conte e Fiorello.

Recitativo

CONTE. Gente indiscreta! ...
FIORELLO. Ah, quasi
Con quel chiasso importuno

FIORILLO. Gute Nacht euch allen,
ich brauche euch nicht mehr.
(Die Musikanten umringen den Grafen, um ihm zu danken, und küssen ihm Hand und Gewand. Er, ärgerlich über ihren Lärm, drängt sie davon. Dasselbe tut auch Fiorillo.)
CHOR. Tausend Dank ... Euer Gnaden ...
für die Spende ... für die Ehre ...
Ah, für solche Großmut
sind wir Euch wirklich sehr verbunden.
(Beiseite.) Oh, glückliche Begegnung!
Er ist ein Mann von Welt.
GRAF. Genug, es reicht, spart die Worte ...
was soll denn das, schreit nicht ...
Verfluchte, schert euch fort ...
Ach, Kanaille, fort von hier.
Die ganze Nachbarschaft
wird wach von diesem Lärm.
FIORILLO. Leise, leise ... welcher Lärm! ...
Aber welche Ehre? ... welche Spende? ...
Verfluchte, schert euch fort ...
Ach, Kanaille, fort von hier!
Dieser Höllenlärm!
Ach, wie wütend macht er mich!
(Die Musikanten gehen.)

Zweite Szene

Der Graf und Fiorillo.

Rezitativ

GRAF. Indiskretes Volk! ...
FIORILLO. Ach, fast haben sie
mit ihrem wüsten Gejohle

Tutto quanto il quartiere han risvegliato.
Alfin sono partiti!

CONTE *(guardando verso la ringhiera).*
E non si vede!
È inutile sperar.
(Passeggia riflettendo; a parte.)
Eppur qui voglio
Aspettar di vederla. Ogni mattina
Ella su quel balcone
A prender fresco viene sull'aurora.
Proviamo.
(Forte.) Olà, tu ancora
Ritirati, Fiorel.

FIORELLO. Vado. Là in fondo
Attenderò suoi ordini.
(Si ritira.)

CONTE. Con lei
Se parlar mi riesce,
Non voglio testimoni. Che a quest'ora
Io tutti i giorni qui vengo per lei
Dev'essersi avveduta. Oh, vedi, amore
A un uomo del mio rango
Come l'ha fatta bella! Eppure, eppure
Dev'essere mia sposa . . .
(Si sente da lontano venire Figaro cantando.)
Chi è mai quest'importuno? . . .
Lasciamolo passar; sotto quegli archi,
Non veduto, vedrò quanto bisogna;
Già l'alba appare e amor non si vergogna.
(Si nasconde sotto il portico.)

das ganze Stadtviertel aufgeweckt.
Endlich sind sie verschwunden!

GRAF *(zum Balkon emporblickend).*
Nichts zu sehen!
Das Hoffen ist vergeblich.
(Er geht nachdenklich hin und her; beiseite.)
Trotzdem will ich
hier warten, um sie zu sehen. Jeden Morgen
tritt sie auf den Balkon,
um bei Sonnenaufgang frische Luft zu schöpfen.
Versuchen wir's.
(Laut.) Hallo, zieh dich
noch mal zurück, Fiorillo.

FIORILLO. Ich geh. Dort hinten
erwarte ich Eure Befehle.
(Zieht sich zurück.)

GRAF. Gelingt es mir,
mit ihr zu sprechen,
will ich keine Zeugen. Daß ich um diese Stunde
jeden Morgen ihretwegen hierherkomme,
muß sie bemerkt haben. Oh, wie die Liebe
einem Mann meines Standes
mitgespielt hat! Und trotz allem
muß sie meine Braut werden ...
(Man hört von weitem Figaro singend näher kommen.)
Wer kommt nur so ungelegen? ...
Lassen wir ihn vorübergehn; unter den Arkaden
verborgen, werde ich sehen, was zu tun ist;
schon tagt es, doch Liebe schämt sich nicht.
(Er verbirgt sich unter dem Torbogen.)

Scena terza

Figaro, con la chitarra appesa al collo.

No. 3 Cavatina

FIGARO. La ran la lera,
La ran la là.

Largo al factotum
Della città.
Presto a bottega,
Ché l'alba è già.

Ah, che bel vivere,
Che bel piacere
Per un barbiere
Di qualità!

Ah, bravo Figaro!
Bravo, bravissimo;
Fortunatissimo
Per verità!

Pronto a far tutto,
La notte e il giorno
Sempre d'intorno,
In giro sta.

Miglior cuccagna
Per un barbiere,
Vita più nobile,
No, non si dà.

Rasori e pettini,
Lancette e forbici,
Al mio comando
Tutto qui sta.

V'è la risorsa,
Poi, del mestiere

Dritte Szene

Figaro, eine Gitarre um den Hals gehängt.

Nr. 3 Kavatine

FIGARO. La la la lera,
la la la la.

Macht Platz dem Faktotum
der Stadt.
Schnell ins Geschäft,
denn es wird Tag.

Ah, welch schönes Leben,
welch ein Vergnügen
für einen Barbier
meiner Qualität!

Ah, bravo, Figaro!
Bravo, bravissimo;
ich Glücklichster
in der Tat!

Zu allem bereit,
Tag und Nacht
ringsum
immer unterwegs.

Ein herrlicheres Schlaraffenland
für einen Barbier,
ein vornehmeres Leben,
nein, gibt es nicht.

Rasiermesser und Kämme
Pinzetten und Scheren,
auf mein Kommando
ist alles bereit.

Und dann gibt's die Möglichkeiten
meines Geschäftes,

Colla donnetta ...
Col cavaliere ...

Ah, che bel vivere,
Che bel piacere
Per un barbiere
Di qualità!

Tutti mi chiedono,
Tutti mi vogliono,
Donne, ragazzi,
Vecchi, fanciulle:

Qua la parrucca ...
Presto la barba ...
Qua la sanguigna ...
Presto il biglietto ...

Figaro ... Figaro ...
Son qua, son qua.
Figaro ... Figaro ...
Eccomi qua.

Ahimè, che furia!
Ahimè, che folla!
Uno alla volta,
Per carità!

Pronto prontissimo
Son come il fulmine:
Sono il factotum
Della città.

Ah, bravo Figaro!
Bravo, bravissimo;
A te fortuna
Non mancherà.

mit der jungen Dame ...
mit dem Herrn Kavalier ...

Ach, welch schönes Leben,
welches Vergnügen
für einen Barbier
meiner Qualität!

Alle verlangen nach mir,
alle wollen mich,
Frauen, Burschen,
Alte, Mädchen:

hier die Perücke ...
schnell den Bart ...
hier den Aderlaß ...
schnell das Billett ...

Figaro ... Figaro ...
Schon da, schon da.
Figaro ... Figaro ...
Hier bin ich.

Weh mir, welche Hast!
Weh mir, welcher Trubel!
Alles auf einmal,
Erbarmen!

Bin flink, äußerst flink,
ganz wie der Blitz:
Ich bin das Faktotum
der ganzen Stadt.

Ah, bravo, Figaro!
Bravo, bravissimo,
dir bleibt das Glück
immer treu.

Scena quarta

Figaro, poi il Conte.

Recitativo

FIGARO. Ah, ah! che bella vita! ...
Faticar poco, divertirsi assai,
E in tasca sempre aver qualche doblone,
Gran frutto della mia riputazione.
Ecco qua: senza Figaro
Non si accasa in Siviglia una ragazza;
A me la vedovella
Ricorre pel marito; io, colla scusa
Del pettine di giorno,
Della chitarra col favor la notte,
A tutti onestamente,
Non fo per dir, m'adatto a far piacere,
Oh che vita, che vita! Oh che mestiere!
Orsù, presto a bottega ...

CONTE *(avanzandosi; a parte).*
È desso, o pur m'inganno?

FIGARO *(scorgendo il Conte; a parte).*
Chi sarà mai costui? ...

CONTE *(a parte).* Oh, è lui senz'altro!
Figaro! ...

FIGARO. Mio padrone ...
(riconoscendo il Conte.)
Oh, chi veggo! ... Eccellenza! ...

CONTE. Zitto, zitto, prudenza!
Qui non son conosciuto,
Né vo' farmi conoscere. Per questo
Ho le mie gran ragioni.

FIGARO. Intendo, intendo,
La lascio in libertà.

CONTE. No ... no ...

FIGARO. Che serve?

CONTE. No, dico: resta qua;

Vierte Szene

Figaro, dann der Graf.

Rezitativ

FIGARO. O ja! ein schönes Leben! ...
Wenig Mühe, viel Vergnügen
und in der Tasche immer einige Doublonen,
die große Frucht meines Ruhmes.
Ja, ohne Figaro
wird in Sevilla kein Mädchen verheiratet;
zu mir läuft die Witwe
wegen eines Gatten; und ich,
mit dem Kamm bei Tage
und der Gitarre im Schutz der Nacht,
bin allen in Ehren,
ohne mich deswegen zu rühmen, gern zu Gefallen.
O welch ein Leben, welch ein Leben! O welcher Beruf!
Auf, schnell in den Laden ...

GRAF *(nähert sich; beiseite).*
Er ist es, oder irr ich mich?

FIGARO *(bemerkt den Grafen; beiseite).*
Wer mag das wohl sein? ...

GRAF *(beiseite).* Oh, er ist es, bestimmt!
Figaro! ...

FIGARO. Euer Gnaden ...
(den Grafen erkennend.)
Oh, wen seh ich! ... Exzellenz! ...

GRAF. Still, still, Vorsicht!
Hier bin ich nicht bekannt
und will es auch nicht werden. Dafür
habe ich meine gewichtigen Gründe.

FIGARO. Verstehe, verstehe,
ich lasse Euch in Ruh.

GRAF. Nein ... nein ...

FIGARO. Warum nicht?

GRAF. Nein, sage ich; bleib hier,

Forse ai disegni miei
Non giungi inopportuno ... Ma cospetto,
Dimmi un po', buona lana,
Come ti trovo qua? ... poter del mondo!
Ti veggo grasso e tondo ...
FIGARO. La miseria, signore!
CONTE. Ah birbo!
FIGARO. Grazie.
CONTE. Hai messo ancor giudizio?
FIGARO. Oh! e come ... Ed ella,
Come in Siviglia?
CONTE. Or te lo spiego. Al Prado
Vidi un fior di bellezza, una fanciulla
Figlia d'un certo medico barbogio
Che qua da pochi dì s'è stabilito.
Io, di questa invaghito,
Lasciai patria e parenti, e qua men venni.
E qua la notte e il giorno
Passo girando a que' balconi intorno.
FIGARO. A que' balconi? ... un medico? ... Oh cospetto!
Siete ben fortunato;
Sui maccheroni il cacio v'è cascato.
CONTE. Come?
FIGARO. Certo. Là dentro
Io son barbiere, parrucchier, chirurgo,
Botanico, spezial, veterinario,
Il faccendier di casa.
CONTE. Oh che sorte! ...
FIGARO. Non basta. La ragazza
Figlia non è del medico. È soltanto
La sua pupilla!
CONTE. Oh che consolazione!
FIGARO. Perciò ... Zitto! ...
CONTE. Cos'è?
FIGARO. S'apre il balcone.
(Si ritirano sotto il portico.)

vielleicht kommst du für
meine Pläne nicht ungelegen ... Aber zum Teufel,
sag doch mal, du Schlitzohr,
wie treffe ich dich hier? ... Unmöglich!
Ich finde dich fett und rund ...

FIGARO. Die Entbehrung, Euer Gnaden!

GRAF. Du Schlingel!

FIGARO. Danke.

GRAF. Bist du doch noch vernünftig geworden?

FIGARO. Oh! Und wie ... Und Ihr,
wieso in Sevilla?

GRAF. Ich erklär's dir. Im Prado
sah ich eine blühende Schönheit, ein Mädchen,
Tochter eines gewissen sauertöpfischen Arztes,
der sich hier erst vor einigen Tagen niedergelassen hat.
Ich, verliebt in sie,
schied von Heimat und Eltern und bin hergekommen.
Und hier streif ich Tag und Nacht
um diese Balkone.

FIGARO. Um diese Balkone? ... Ein Arzt? ... Oh, Teufel!
Ihr habt wirklich Glück;
das trifft sich bestens.

GRAF. Wie?

FIGARO. Freilich. Dort drinnen
bin ich Barbier, Friseur, Chirurg,
Botaniker, Apotheker, Tierarzt,
das Faktotum des Hauses.

GRAF. O welche Fügung! ...

FIGARO. Das ist nicht alles. Das Mädchen
ist nicht die Tochter des Arztes.
Sie ist nur sein Mündel!

GRAF. O wie tröstlich!

FIGARO. Daher ... still! ...

GRAF. Was gibt's?

FIGARO. Die Balkontür öffnet sich.

(Sie ziehen sich unter den Torbogen zurück.)

Scena quinta

Rosina, poi Bartolo, e detti.

ROSINA *(dal balcone).*
Non è venuto ancor. Forse ...
CONTE. Oh, mia vita!
Mio nume! mio tesoro!
Vi veggo alfine, alfine ...
ROSINA *(estraendo un biglietto).*
Oh, che vergogna!
Vorrei dargli il biglietto ...
BARTOLO *(apparendo al balcone).* Ebben, ragazza?
Il tempo è buono. Cos'è quella carta?
ROSINA. Niente, niente, signor: son le parole
Dell'aria dell'»Inutil precauzione«.
CONTE. Ma brava ... dell'»Inutil precauzione« ...
FIGARO. Che furba!
BARTOLO. Cos'è questa
»Inutil precauzione«?
ROSINA. Oh, bella! è il titolo
Del nuovo dramma in musica.
BARTOLO. Un dramma! Bella cosa! sarà al solito
Un dramma semiserio,
Un lungo, malinconico, noioso,
Poetico strambotto!
Barbaro gusto! secolo corrotto!
ROSINA *(lasciando cadere il biglietto).*
Oh, me meschina! l'aria m'è caduta.
(A Bartolo.)
Raccoglietela presto.
BARTOLO. Vado, vado. *(Si ritira.)*
ROSINA *(verso il Conte).* Ps ... Ps ...
CONTE. Ho inteso.
(Raccoglie il foglio.)
ROSINA. Presto.

Fünfte Szene

Rosine, dann Bartolo, die Vorigen.

ROSINE *(auf dem Balkon).*
Noch ist er nicht gekommen. Vielleicht ...
GRAF. Oh, du mein Leben!
Meine Göttin! Mein Schatz!
Seh ich Euch endlich, endlich ...
ROSINE *(zieht ein Billett hervor).*
Oh, ich sollte mich schämen!
Aber ich will ihm das Billett geben ...
BARTOLO *(erscheint auf dem Balkon).* Nun, Mädchen?
Das Wetter ist prächtig. Was ist das für ein Kärtchen?
ROSINE. Nichts, nichts, Herr Vormund; es ist der Text
zu der Arie aus der »Vergeblichen Vorsicht« ...
GRAF. Vortrefflich ... aus der »Vergeblichen Vorsicht« ...
FIGARO. Wie gerissen!
BARTOLO. Was bedeutet diese
»Vergebliche Vorsicht«?
ROSINE. Na, hört mal! Es ist der Titel
der neuen Oper.
BARTOLO. Eine Oper! Wie schön! Es wird wie üblich
ein halbernstes Drama sein,
ein langweiliger, melancholischer, lästiger
poetischer Schmarren!
Barbarischer Geschmack! Verkommenes Säkulum!
ROSINE *(läßt das Billett fallen).*
Oh, ich Unglückliche! Die Arie ist mir hinuntergefallen!
(Zu Bartolo.)
Hebt sie rasch auf!
BARTOLO. Ich gehe, ich gehe. *(Ab.)*
ROSINE *(zum Grafen).* Pst ... Pst ...
GRAF. Ich hab verstanden.
(Er hebt das Papier auf.)
ROSINE. Schnell.

CONTE. Non temete.
(Si nasconde.)
BARTOLO *(uscendo sulla via).* Son qua.
Dov'è?
ROSINA. Ah, il vento l'ha portata via.
Guardate.
BARTOLO. Io non la veggo.
Eh, signorina, non vorrei ...
(A parte.) Cospetto!
Costei m'avesse preso!
(Forte.) In casa, in casa,
Animo, su! A chi dico? In casa, presto.
ROSINA. Vado, vado. Che furia!
BARTOLO. Quel balcone
Io voglio far murare ...
Dentro, dico.
ROSINA. Ah, che vita da crepare!
(Rosina si ritira dal balcone. Bartolo rientra in casa.)
CONTE. Povera disgraziata!
Il suo stato infelice
Sempre più m'interessa.
FIGARO. Presto, presto:
Vediamo cosa scrive.
CONTE. Appunto. Leggi.
FIGARO *(legge il biglietto).*

»Le vostre assidue premure hanno eccitata la mia curiosità. Il mio tutore è per uscir di casa; appena si sarà allontanato, procurate con qualche mezzo ingegnoso d'indicarmi il vostro nome, il vostro stato e le vostre intenzioni. Io non posso giammai comparire al balcone senza l'indivisibile compagnia del mio tiranno. Siate però certo che tutto è disposta a fare, per rompere le sue catene, la sventurata Rosina.«

GRAF. Keine Sorge.
(Er verbirgt sich.)
BARTOLO *(tritt auf die Straße).* Hier bin ich.
Wo ist sie?
ROSINE. Ach, der Wind hat sie davongetragen.
Sucht sie.
BARTOLO. Ich seh sie nicht.
He, Fräulein, ich will nicht ...
(Beiseite.) Teufel!
Die hält mich zum besten!
(Laut.) Ins Haus, ins Haus,
geschwind, marsch! Hörst du nicht? Ins Haus, schnell.
ROSINE. Ich geh, ich geh. Diese Aufregung!
BARTOLO. Den Balkon
laß ich jetzt vermauern ...
Hinein, sag ich.
ROSINE. Ach, ein Leben zum Verzweifeln!
(Rosine zieht sich vom Balkon zurück. Bartolo geht ins Haus.)
GRAF. Arme Beklagenswerte!
Ihre traurige Lage
geht mir immer mehr zu Herzen.
FIGARO. Schnell, schnell:
sehn wir, was sie schreibt.
GRAF. Natürlich. Lies.
FIGARO *(liest das Billett).*

»Eure beständigen Aufmerksamkeiten haben meine Neugier erregt. Mein Vormund will ausgehen; sobald er sich entfernt hat, sucht auf irgendeine geschickte Weise mir Euren Namen, Euren Stand und Eure Absichten mitzuteilen. Ich kann nie auf dem Balkon erscheinen ohne die unzertrennliche Gesellschaft meines Tyrannen. Seid dennoch sicher, daß, um ihre Ketten zu brechen, zu allem bereit ist

Eure unglückliche Rosine.«

CONTE. Sì, sì, le romperà. Su, dimmi un poco:
Che razza d'uomo è questo suo tutore?
FIGARO. È un vecchio indemoniato,
Avaro, sospettoso, brontolone;
Avrà cent'anni indosso
E vuol fare il galante: indovinate?
Per mangiare a Rosina
Tutta l'eredità s'è fitto in capo
Di volerla sposare. Aiuto!
CONTE. Che?
FIGARO. S'apre la porta.
(Si ritirano in fretta. Bartolo esce di casa.)
BARTOLO *(parlando verso la porta).*
Fra momenti io torno;
Non aprite a nessun. Se Don Basilio
Venisse a ricercarmi, che m'aspetti.
Le mie nozze con lei meglio è affrettare.
Sì, dentr'oggi finir vo' quest'affare.
(Parte.)

Scena sesta

Il Conte e Figaro, poi Rosina.

CONTE *(fuori con Figaro).*
Dentr'oggi le sue nozze con Rosina!
Ah, vecchio rimbambito!
Ma dimmi or tu! chi è questo Don Basilio? ...
FIGARO. È un solenne imbroglion di matrimoni,
Un collo torto, un vero disperato,
Sempre senza un quattrino ...
Già, è maestro di musica;
Insegna alla ragazza.
CONTE. Bene, bene;
Tutto giova saper.

GRAF. Ja, ja, sie wird sie brechen. Nun, sag doch mal:
was für ein Mensch ist dieser Vormund?
FIGARO. Er ist ein dämonischer Alter,
geizig, argwöhnisch, brummig;
er wird hundert Jahre auf dem Buckel haben
und will den Liebhaber spielen: Erratet Ihr's?
Um Rosines ganze Erbschaft zu schlucken,
hat er sich in den Kopf gesetzt,
sie zu heiraten. Hilfe!
GRAF. Was?
FIGARO. Die Tür öffnet sich.
(Sie ziehen sich eilig zurück, Bartolo verläßt das Haus.)
BARTOLO *(spricht ins Haus zurück).*
Gleich bin ich wieder da;
öffnet keinem. Sollte Don Basilio
nach mir fragen, mag er auf mich warten.
Es ist besser, meine Hochzeit mit ihr zu beschleunigen.
Ja, noch heute bringe ich die Sache ins reine.
(Geht ab.)

Sechste Szene

Der Graf und Figaro, dann Rosine.

GRAF *(draußen mit Figaro).*
Noch heute seine Hochzeit mit Rosine!
Ach, du kindischer Alter!
Aber sag du mir: Wer ist dieser Don Basilio? ...
FIGARO. Ein salbungsvoller Kuppler,
ein Halsabschneider, ein wahrer Desperado,
immer ohne Geld ...
Und dann ist er Musiklehrer;
er unterrichtet das Mädchen.
GRAF. Gut, gut;
alles nützlich zu wissen.

FIGARO. Ora pensate
Della bella Rosina
A soddisfar le brame.
CONTE. Il nome mio
Non le vo' dir né il grado; assicurarmi
Vo' pria ch'ella ami me, me solo al mondo,
Non le ricchezze e i titoli
Del conte d'Almaviva. Ah, tu potresti . . .
FIGARO. Io? no, signore; voi stesso dovete . . .
CONTE. Io stesso? e come?
FIGARO. Zitto! Eccoci a tiro,
Osservate: perbacco, non mi sbaglio.
Dietro la gelosia sta la ragazza;
Presto, presto all'assalto, niun ci vede.
In una canzonetta.
Così, alla buona, il tutto
Spiegatele, signor.
CONTE. Una canzone?
FIGARO. Certo. Ecco la chitarra; presto, andiamo.
CONTE. Ma io . . .
FIGARO. Oh che pazienza!
CONTE. Ebben, proviamo.

No. 4 Canzone

Se il mio nome saper voi bramate,
Dal mio labbro il mio nome ascoltate.
Io son Lindoro
Che fido v'adoro,
Che sposa vi bramo,
Che a nome vi chiamo,
Di voi sempre parlando così
Dall'aurora al tramonto del dì.
ROSINA *(dentro la casa).*
Segui, o caro; deh, segui così!
FIGARO. Sentite. Ah! che vi pare?
CONTE. Oh, me felice!

FIGARO. Jetzt denkt daran,
das Verlangen der schönen Rosine
zu stillen.
GRAF. Meinen Namen
will ich nicht nennen, noch den Rang; vergewissern
will ich mich erst, daß sie mich liebt, mich allein
auf der Welt, nicht die Schätze und die Titel
des Grafen Almaviva. Ach, du könntest ...
FIGARO. Ich? Nein, Euer Gnaden; Ihr selber müßt ...
GRAF. Ich selber? Und wie?
FIGARO. Still! Sie kann uns hören,
seht: Teufel, ich irr mich nicht.
Hinter der Jalousie steht das Mädchen;
schnell, schnell zum Angriff, niemand sieht uns.
In einem Liedchen,
einfach so, improvisiert,
erklärt Ihr alles, Euer Gnaden.
GRAF. Ein Lied?
FIGARO. Sicher. Hier ist die Gitarre; schnell angefangen.
GRAF. Aber ich ...
FIGARO. Oh, welch ein Umstand!
GRAF. Nun gut, versuchen wir's.

Nr. 4 Kanzone

Wollt Ihr meinen Namen wissen,
hört ihn von meinen Lippen.
Ich bin Lindoro,
der Euch treu anbetet,
der Euch als Braut begehrt,
der Euch beim Namen nennt,
der von Euch immer derart schwärmt
vom Morgenrot bis zur Abenddämmerung.
ROSINE *(drinnen im Haus).*
Singe weiter, o Lieber; ach, sing weiter so!
FIGARO. Hört. Ah! Was meint Ihr?
GRAF. Oh, ich bin selig!

FIGARO. Da bravo, a voi, seguite.
CONTE. L'amoroso e sincero Lindoro,
Non può darvi, mia cara, un tesoro.
Ricco non sono,
Ma un core vi dono,
Un'anima amante,
Che fida e costante
Per voi sola sospira così
Dall'aurora al tramonto del dì.
ROSINA. L'amorosa e sincera Rosina
Del suo core Lindo...
(Si ritira dal balcone.)

Scena settima

Il Conte e Figaro.

Recitativo

CONTE. Oh cielo!
FIGARO. Nella stanza
Convien dir che qualcuno entrato sia.
Ella si è ritirata.
CONTE *(con enfasi).* Ah cospettone!
Io già deliro ... avvampo! ... Oh, ad ogni costo
Vederla io voglio ... Vo' parlarle ... Ah, tu,
Tu mi devi aiutar.
FIGARO. Ih, ih, che furia!
Sì, sì, v'aiuterò.
CONTE. Da bravo: entr'oggi
Vo' che tu m'introduca in quella casa.
Dimmi, come farai? ... via! ... del tuo spirito
Vediam qualche prodezza.
FIGARO. Del mio spirito! ...
Bene ... vedrò ... ma in oggi ...
CONTE. Eh via! t'intendo.

FIGARO. Bravo, nun singt weiter!

GRAF. Verliebt und ehrlich, kann Lindoro
Euch, Geliebte, keine Schätze bieten.
Reich bin ich nicht,
doch schenk ich Euch mein Herz,
eine verliebte Seele,
die treu und beständig
für Euch allein so seufzt
vom Morgenrot bis zur Abenddämmerung.

ROSINE. Verliebt und ehrlich, kann Rosine
von ihrem Herzen Lindo...
(Sie verschwindet vom Balkon.)

Siebte Szene

Der Graf und Figaro.

Rezitativ

GRAF. O Himmel!

FIGARO. In das Zimmer
ist wohl jemand eingetreten.
Sie ist verschwunden.

GRAF *(außer sich)*. Ah, Teufel!
Ich rase schon ... glühe! ... Oh, um jeden Preis
will ich sie sehen ... will sie sprechen ... Ach, du,
du mußt mir helfen.

FIGARO. Ah, ah, welches Ungestüm!
Ja, ja, ich werde Euch helfen.

GRAF. Bravo: noch heute
sollst du mich in dieses Haus bringen.
Sag, wie wirst du es anstellen? ... auf! ... Wir wollen
das Funkeln deines Geistes sehen.

FIGARO. Meines Geistes! ...
Gut ... ich will sehen ... aber heute ...

GRAF. Auf! Ich verstehe.

Va là, non dubitar; di tue fatiche
Largo compenso avrai.
FIGARO. Davver?
CONTE. Parola.
FIGARO. Dunque, oro a discrezione?
CONTE. Oro a bizzeffe.
Animo, via.
FIGARO. Son pronto. Ah, non sapete
I simpatici effetti prodigiosi
Che, ad appagare il mio signor Lindoro,
Produce in me la dolce idea dell'oro.

No. 5 Duetto

All'idea di quel metallo
Portentoso, onnipossente,
Un vulcano la mia mente
Incomincia a diventar.
CONTE. Su, vediam di quel metallo
Qualche effetto sorprendente,
Del vulcan della tua mente
Qualche mostro singolar.
FIGARO. Voi dovreste travestirvi,
Per esempio ... da soldato.
CONTE. Da soldato?
FIGARO. Sì, signore.
CONTE. Da soldato? ... e che si fa? ...
FIGARO. Oggi arriva un reggimento.
CONTE. Sì, è mio amico il Colonnello.
FIGARO. Va benon.
CONTE. Eppoi?
FIGARO. Cospetto!
Dell'alloggio col biglietto
Quella porta s'aprirà.
Che ne dite, mio signore?
Non vi par? Non l'ho trovata?
A DUE. Che invenzione prelibata!

Nur los, zögre nicht; für deine Mühe
wirst du reich belohnt.
FIGARO. Bestimmt?
GRAF. Mein Wort.
FIGARO. Also, Gold à discretion?
GRAF. Gold im Überfluß.
Los denn, nur Mut.
FIGARO. Ich bin bereit. Ach, Ihr kennt nicht
die sympathische, wunderbare Wirkung,
die, um meinem Herrn Lindoro zu dienen,
in mir das Zauberbild des Goldes erzeugt.

Nr. 5 Duett

Denk ich an dieses wunderbare,
allmächtige Metall,
wird mein Geist
zu einem Vulkan.
GRAF. Nun, wir wollen die Zauberwirkung
des Metalles sehen,
ein besonderes Zeichen
deines geistigen Vulkans.
FIGARO. Ihr müßtet Euch verkleiden,
zum Beispiel ... als Soldat.
GRAF. Als Soldat?
FIGARO. Ja, Euer Gnaden.
GRAF. Als Soldat? ... Und was mach ich dann? ...
FIGARO. Heute kommt ein Regiment.
GRAF. Ja, der Hauptmann ist mein Freund.
FIGARO. Das paßt ausgezeichnet.
GRAF. Und weiter?
FIGARO. Teufel!
Mit dem Einquartierungsschein
wird die Tür sich öffnen.
Was sagen Euer Gnaden?
Nicht wahr? Ich hab's gefunden!
BEIDE. Welch treffliche Idee!

Bravo, bravo, } in verità!
Bella, bella, }

FIGARO. Piano, piano ... un'altra idea!
Veda l'oro cosa fa.
Ubbriaco ... sì, ubbriaco,
Mio signor, si fingerà.
CONTE. Ubbriaco?
FIGARO. Sì, signore.
CONTE. Ubbriaco? ... Ma perché? ...
FIGARO. Perché d'un ch'è poco in sè,
(imitando moderatamente i moti d'un ubbriaco)
Che dal vino casca già,
Il tutor, credete a me,
Il tutor si fiderà.
A DUE. Che invenzione prelibata!

Bravo, bravo, } in verità!
Bella, bella, }

CONTE. Dunque ...
FIGARO. All'opra.
CONTE. Andiam.
FIGARO. Da bravo.
CONTE. Vado ... Oh, il meglio mi scordavo!
Dimmi un po', la tua bottega,
Per trovarti, dove sta?
FIGARO. La bottega? ... Non si sbaglia;
Guardi bene; eccola là.
(Additando fra le quinte.)
Numero quindici a mano manca,
Quattro gradini, facciata bianca,
Cinque parrucche nella vetrina,
Sopra un cartello »Pomata fina«,
Mostra in azzurro alla moderna,
V'è per insegna una lanterna ...
Là senza fallo mi troverà.
CONTE. Ho ben capito ...
FIGARO. Or vada presto.

Bravo, bravo, } wirklich!
Schön, schön, }
FIGARO. Sachte, sachte ... eine weitere Idee!
Seht, wie das Gold wirkt.
Betrunken, ja, betrunken,
mein Herr, so stellt Ihr Euch.
GRAF. Betrunken?
FIGARO. Ja, Euer Gnaden.
GRAF. Betrunken? ... Doch warum? ...
FIGARO. Weil einem, der nicht ganz bei sich ist
(ahmt maßvoll die Gebärden eines Betrunkenen nach)
und vom Wein schon taumelt,
der Vormund, glaubt mir nur,
nicht mißtrauen wird.
BEIDE. Welch treffliche Idee!
Bravo, bravo, } wirklich!
Schön, schön, }
GRAF. Also ...
FIGARO. Zur Sache.
GRAF. Laß uns gehn.
FIGARO. Bravo.
GRAF. Ich geh ... Oh, das Wichtigste hab ich vergessen!
Sag mir doch, wo ist dein Laden,
wo ich dich finden kann?
FIGARO. Der Laden? ... Nicht zu verfehlen;
seht nur hin; dort ist er.
(Zeigt in die Kulisse.)
Nummer fünfzehn linker Hand,
vier Stufen, weiße Fassade,
fünf Perücken in der Vitrine,
auf einem Schildchen »Feine Pomade«,
Auslage in modischem Blau,
als Ladenschild eine Laterne ...
Ohne zu fehlen, findet Ihr mich dort.
GRAF. Ich hab verstanden.
FIGARO. Nun geht schnell.

CONTE. Tu guarda bene . . .
FIGARO. Io penso al resto.
CONTE. Di te mi fido . . .
FIGARO. Colà l'attendo.
CONTE. Mio caro Figaro . . .
FIGARO. Intendo, intendo.
CONTE. Porterò meco . . .
FIGARO. La borsa piena.
CONTE. Sì, quel che vuoi, ma il resto poi . . .
FIGARO. Oh non si dubiti, che bene andrà . . .

CONTE. Ah, che d'amore
La fiamma io sento,
Nunzia di giubilo
E di contento!

Ecco propizia
Che in sen mi scende;
D'ardore insolito
Quest'alma accende,
E di me stesso
Maggior mi fa.

FIGARO. Delle monete
Il suon già sento!
L'oro già viene,
Viene l'argento;

Eccolo, eccolo,
Che in tasca scende;
E di me stesso
Maggior mi fa.

(Figaro entra in casa di Bartolo, il Conte parte.)

GRAF. Du paßt auf . . .
FIGARO. Ich denk an alles.
GRAF. Dir vertrau ich . . .
FIGARO. Dort erwart ich Euch.
GRAF. Mein lieber Figaro . . .
FIGARO. Ich weiß, ich weiß.
GRAF. Ich bring dir . . .
FIGARO. Die volle Börse.
GRAF. Ja, was du willst, doch dann . . .
FIGARO. Oh, zweifelt nicht, es wird gutgehn.

GRAF. Ach, wie fühle ich
der Liebe Flammen,
sie verkünden Jubel mir
und Glück!

Seligkeit senkt sich
mir in die Brust;
unbekannte Glut
entflammt dieses Herz
und hebt mich
über mich selbst empor.

FIGARO. Ich hör
das Geld schon klingeln!
Das Gold kommt schon,
es kommt das Silber,

seht, seht,
es fällt mir in die Taschen
und hebt mich
über mich selbst empor.
(Figaro geht in Bartolos Haus, der Graf geht ab.)

Scena ottava

Fiorello solo.

Recitativo

FIORELLO *(entrando).* Evviva il mio padrone!
Due ore, ritto in pie', là come un palo
Mi fa aspettare e poi . . .
Mi pianta e se ne va. Corpo di Bacco!
Brutta cosa servire
Un padron come questo,
Nobile, giovinotto e innamorato;
Questa vita, cospetto, è un gran tormento!
Ah, durarla così non me la sento!
(Parte.)

Scena nona

Camera nella casa di Don Bartolo. Di prospetto la finestra con gelosia, come nella scena prima.

Rosina, sola.

No. 6 Cavatina

ROSINA. Una voce poco fa
Qui nel cor mi risuonò;
Il mio cor ferito è già,
E Lindor fu che il piagò.
Sì, Lindoro mio sarà;
Lo giurai, la vincerò.

Il tutor ricuserà,
Io l'ingegno aguzzerò.
Alla fin s'accheterà
E contenta io resterò . . .

Achte Szene

Fiorillo allein.

Rezitativ

FIORILLO *(tritt auf).* Es lebe mein Herr!
Zwei Stunden läßt er mich dort stehen und
wie einen Pfahl warten und dann ...
vergißt er mich und geht davon. Verdammt!
Es ist übel, einem Herrn
zu dienen wie diesem,
adlig, jung und verliebt;
dieses Leben, zum Teufel, ist eine große Qual!
Ach, ich fühl mich nicht imstande, es so länger auszuhalten!

(Ab.)

Neunte Szene

Zimmer in Don Bartolos Haus.
Im Hintergrund das Fenster und die Jalousien, wie im ersten Bild.

Rosine, allein.

Nr. 6 Kavatine

ROSINE. Eine Stimme klang soeben
hier in meinem Herzen wider;
dieses Herz ist schon getroffen,
und Lindoro war der Schütze.
Ja, Lindoro wird der meine,
schwor ich's doch, ich werde siegen.

Lehnt's der Vormund ab,
werd ich meinen Geist anstrengen.
Schließlich wird er Ruhe geben,
und ich bin zufrieden ...

Sì, Lindoro mio sarà;
Lo giurai, la vincerò.

Io sono docile, – son rispettosa,
Sono obbediente, – dolce, amorosa;
Mi lascio reggere, – mi fo guidar.
Ma se mi toccano – dov'è il mio debole,
Sarò una vipera – e cento trappole
Prima di cedere – farò giocar.

Recitativo

Sì, sì, la vincerò. Potessi almeno
Mandargli questa lettera. Ma come?
Di nessun qui mi fido;
Il tutore ha cent'occhi . . . basta, basta;
Sigilliamola intanto.
(Va allo scrittoio e suggella la lettera.)
Con Figaro, il barbier, dalla finestra
Discorrer l'ho veduto più d'un'ora;
Figaro è un galantuomo,
Un giovin di buon core . . .
Chi sa ch'ei non protegga il nostro amore!

Scena decima

Figaro e detta.

FIGARO. Oh buon dì, signorina!
ROSINA. Buon giorno, signor Figaro.
FIGARO. Ebbene, che si fa?
ROSINA. Si muor di noia.
FIGARO. Oh diavolo! Possibile!
Un ragazza bella e spiritosa . . .
ROSINA. Ah, ah, mi fate ridere!
Che mi serve lo spirito,
Che giova la bellezza,

Ja, Lindoro wird der meine,
schwor ich's doch, ich werde siegen.

Ich bin gelehrig – ehrerbietig,
bin fügsam – sanft und liebenswert,
ich laß mich lenken – laß mich leiten.
Doch wenn man mich anrührt – wo ich verletzlich bin,
werd ich zur Viper – und ich spiele,
bevor ich nachgeb – hundert Streiche.

Rezitativ

Ja, ja, ich werde siegen. Könnte ich ihm wenigstens
diesen Brief schicken. Aber wie?
Auf niemanden kann ich mich hier verlassen;
der Vormund hat Argusaugen ... ja, ja;
siegeln wir indessen das Briefchen.
(Geht zum Schreibpult und siegelt den Brief.)
Mit Figaro, dem Barbier, sah ich ihn vom Fenster aus
über eine Stunde im Gespräch;
Figaro ist gefällig,
ein braver Bursche ...
Wer weiß, ob er nicht unsere Liebe beschützt!

Zehnte Szene

Figaro und Rosine.

FIGARO. O guten Tag, Signorina!
ROSINE. Guten Tag, Herr Figaro.
FIGARO. Nun, wie steht's?
ROSINE. Man stirbt vor Ärger.
FIGARO. Zum Teufel! Ist's möglich!
Ein schönes und geistreiches Mädchen ...
ROSINE. Ha, ha, zum Lachen!
Wozu dient mir der Geist,
was hilft mir die Schönheit,

Se chiusa io sempre sto fra quattro mura,
Che mi par d'esser proprio in sepoltura? . . .
FIGARO. In sepoltura? . . . ohibò!
(Chiamandola a parte.) Sentite, io voglio . . .
ROSINA. Ecco il tutor.
FIGARO. Davvero?
ROSINA. Certo, certo; è il suo passo . . .
FIGARO. Salva, salva; fra poco
Ci rivedrem: ho a dirvi qualche cosa.
ROSINA. E ancor io, signor Figaro.
FIGARO. Bravissima.
Vado.
(Si nasconde, poi tratto tratto si fa vedere.)
ROSINA. Quanto è garbato!
(Si ritira.)

Scena undicesima

Bartolo, Rosina, indi Berta e Ambrogio.

BARTOLO. Ah, disgraziato Figaro!
Ah, indegno! ah, maledetto! ah, scellerato!
ROSINA *(a parte)*. Ecco qua: sempre grida.
BARTOLO. Ma si può dar di peggio!
Uno spedale ha fatto
Di tutta la famiglia
A forza d'oppio, sangue e stranutiglia.
Signorina, il barbiere
Lo vedeste?
ROSINA. Perché?
BARTOLO. Perché lo vo' sapere.
ROSINA. Forse anch'egli v'adombra?
BARTOLO. E perché no?
ROSINA. Ebben, ve lo dirò. Sì, l'ho veduto,

wenn ich immer eingesperrt bin zwischen vier Wänden,
als wär ich wahrhaftig schon im Grabe? ...

FIGARO. Im Grabe? ... Na ja!
(Zieht sie beiseite.) Hört, ich will ...

ROSINE. Der Vormund kommt.

FIGARO. Wirklich?

ROSINE. Sicher, sicher; das sind seine Schritte ...

FIGARO. Seid gegrüßt; bald
sehen wir uns wieder; ich muß Euch etwas sagen.

ROSINE. Ich Euch auch, Herr Figaro.

FIGARO. Bravissima.
Ich gehe.
(Verbirgt sich, wird aber von Zeit zu Zeit sichtbar.)

ROSINE. Wie liebenswürdig er ist!
(Zieht sich zurück.)

Elfte Szene

Bartolo, Rosine, dann Marzelline und Ambrosio.

BARTOLO. Ah, verdammter Figaro!
Ah, der Unwürdige! Ah, der Verfluchte! Ah, der Scharlatan!

ROSINE *(beiseite)*. Seht nur: immer schreit er.

BARTOLO. Kann man's schlimmer treiben!
Ein Krankenhaus hat er
aus der ganzen Familie gemacht,
mit Opium, Aderlässen und Quacksalbereien.
Signorina, den Barbier,
habt Ihr ihn gesehen?

ROSINE. Warum?

BARTOLO. Weil ich's wissen möchte.

ROSINE. Stachelt vielleicht auch der Euren Argwohn an?

BARTOLO. Und warum nicht?

ROSINE. Nun gut, ich sag es Euch. Ja, gesehen,

Gli ho parlato, mi piace, m'è simpatico
Il suo discorso, il suo gioviale aspetto ...
(A parte.) Crepa di rabbia, vecchio maledetto.
(Parte.)

BARTOLO. Vedete che grazietta!
Più l'amo, e più mi sprezza la briccona.
Certo, certo è il barbiere
Che la mette in malizia.
Chi sa cosa le ha detto!
Chi sa! Or lo saprò. Ehi, Berta, Ambrogio!

BERTA *(entrando e starnutendo).*
Eccì ...
(Entra Ambrogio, sbadigliando.)

AMBROGIO. Ah! che comanda?

BARTOLO. Dimmi ...

BERTA. Eccì ...

BARTOLO. Il barbiere parlato ha con Rosina?

BERTA. Eccì ...

BARTOLO. Rispondi almen tu, babbuino!

AMBROGIO *(sbadigliando).*
Ah, ah!

BARTOLO. Che pazïenza!

AMBROGIO. Ah, ah! che sonno!

BARTOLO. Ebben!

BERTA. Venne, ma io ...

BARTOLO. Rosina ...

AMBROGIO. Ah!

BERTA. Eccì ...

BARTOLO. Che serve! Eccoli qua, son mezzo morti.
Andate.

AMBROGIO. Ah!

BERTA. Eccì ...

BARTOLO. Eh, il diavol che vi porti!
(Berta e Ambrogio partono.)

gesprochen hab ich ihn, er gefällt mir, seine Unterhaltung
ist mir sympathisch, sein Gesicht angenehm ...
(Beiseite.) Krepier vor Wut, verdammter Alter.
(Geht ab.)

BARTOLO. Seht diesen Liebreiz!
Je mehr ich sie liebe, desto mehr ärgert mich die Spötterin.
Sicher, sicher ist es der Barbier,
der sie aufhetzt.
Wer weiß, was er ihr erzählt hat!
Wer weiß! Ich werd's gleich wissen. He, Marzelline, Ambrosio!

MARZELLINE *(erscheint niesend)*.
Hatschi ...
(Ambrosio erscheint gähnend.)

AMBROSIO. Ah! Wie befehlen?

BARTOLO. Sag mir ...

MARZELLINE. Hatschi ...

BARTOLO. Der Barbier, hat er mit Rosine gesprochen?

MARZELLINE. Hatschi ...

BARTOLO. So antworte du, du Trottel!

AMBROSIO *(gähnend)*. Ah, ah!

BARTOLO. Meine Güte!

AMBROSIO. Ah, ah! Schlaf!

BARTOLO. Wird's bald!

MARZELLINE. Er kam, aber ich ...

BARTOLO. Rosine ...

AMBROSIO. Ah!

MARZELLINE. Hatschi ...

BARTOLO. Was soll's! Da stehen sie, halb tot.
Verschwindet.

AMBROSIO. Ah!

MARZELLINE. Hatschi ...

BARTOLO. Ach, hol euch der Teufel!
(Marzelline und Ambrosio ab.)

Scena dodicesima

Bartolo, indi Don Basilio.

BARTOLO. Ah! Barbiere d'inferno ...
Tu me la pagherai ... Qua, Don Basilio;
Giungete a tempo! Oh! Io voglio,
Per forza o per amor, dentro domani
Sposar la mia Rosina. Avete inteso?
BASILIO *(dopo molte riverenze).*
Eh, voi dite benissimo
E appunto io qui veniva ad avvisarvi ...
(chiamando a parte.)
Ma segretezza! ... È giunto
Il Conte d'Almaviva.
BARTOLO. Chi? L'incognito amante
Della Rosina?
BASILIO. Appunto quello.
BARTOLO. Oh diavolo!
Ah, qui ci vuol rimedio!
BASILIO. Certo; ma ... alla sordina.
BARTOLO. Sarebbe a dir? ...
BASILIO. Così, con buona grazia
Bisogna principiare
A inventar qualche favola
Che al pubblico lo metta in mala vista,
Che comparir lo faccia
Un uomo infame, un'anima perduta ...
Io, io vi servirò: fra quattro giorni,
Credete a me, Basilio ve lo giura,
Noi lo farem sloggiar da queste mura.
BARTOLO. E voi credete?
BASILIO. Oh certo! È il mio sistema.
E non sbaglia.
BARTOLO. E vorreste?
Ma una calunnia ...

Zwölfte Szene

Bartolo, dann Don Basilio.

BARTOLO. Ah! Höllenbarbier ...
Du wirst dafür bezahlen ... Hierher, Don Basilio;
Ihr kommt zur rechten Zeit! Oh! Ich will,
mit Gewalt oder Liebe, bis morgen
meine Rosine heiraten. Habt Ihr verstanden?
BASILIO *(mit vielen Verbeugungen).*
Nun ja, Ihr habt ganz recht,
gerade kam ich her, Euch zu melden ...
(Zieht ihn beiseite.)
Streng vertraulich! ... Graf Almaviva
ist eingetroffen.
BARTOLO. Wer? Der unbekannte Verehrer
Rosines?
BASILIO. Ebender.
BARTOLO. O Teufel!
Ah, da bräuchte man ein Mittel!
BASILIO. Freilich; aber ... insgeheim.
BARTOLO. Das heißt? ...
BASILIO. So, mit gutem Anstand,
muß man zuerst
irgendeine Geschichte erfinden,
die ihn öffentlich in ein schlimmes Licht setzt,
ihn als Lumpen erscheinen läßt,
als verlorene Seele ...
Ich, ich steh zu Euren Diensten: In vier Tagen,
vertraut auf mich, Basilio schwört es Euch,
haben wir ihn aus diesen Mauern vertrieben.
BARTOLO. Und Ihr glaubt daran?
BASILIO. O ja! Ist es doch mein System.
Und es ist unfehlbar.
BARTOLO. Und Ihr wolltet?
Aber eine Verleumdung ...

BASILIO. Ah, dunque
La calunnia cos'è voi non sapete?
BARTOLO. No, davvero.
BASILIO. No? Uditemi e tacete.

No. 7 Aria

La calunnia è un venticello,
Un'auretta assai gentile
Che insensibile, sottile,
Leggermente, dolcemente,
Incomincia a sussurrar.

Piano piano, terra terra,
Sottovoce, sibilando,
Va scorrendo, va ronzando;
Nelle orecchie della gente
S'introduce destramente,
E le teste ed i cervelli
Fa stordire e fa gonfiar.

Dalla bocca fuori uscendo
Lo schiamazzo va crescendo,
Prende forza a poco a poco,
Vola già di loco in loco;
Sembra il tuono, la tempesta
Che nel sen della foresta
Va fischiando, brontolando
E ti fa d'orror gelar.

Alla fin trabocca e scoppia,
Si propaga, si raddoppia
E produce un'esplosione
Come un colpo di cannone,
Un tremuoto, un temporale,
Un tumulto generale,
Che fa l'aria rimbombar.

BASILIO. Ach, Ihr wißt also nicht, was eine Verleumdung ist?
BARTOLO. Nein, allerdings nicht.
BASILIO. Nein? Hört mich an und schweigt.

Nr. 7 Arie

Die Verleumdung ist ein Lüftchen,
ein ganz feiner Windhauch,
kaum vernehmbar, mild,
leicht und sanft
fängt er an zu säuseln.

Sachte, sachte, nah am Boden,
leise, zischelnd,
strömt und flüstert er;
in die Ohren der Leute
dringt er listig
und die Köpfe und die Hirne
werden taub und schwellen an.

Dem Mund entschlüpft,
wächst das Gemurmel,
gewinnt es allmählich an Stärke,
fliegt schon von Ort zu Ort;
dem Donner, dem Unwetter gleich,
schwillt es im tiefen Wald
pfeifend, rollend an,
und du erstarrst vor Schreck.

Endlich bricht es, platzt es los
wälzt sich hin, verdoppelt seine Kraft,
und explodiert
wie ein Kanonenschuß,
ein Erdbeben, ein Gewitter,
ein gewaltiges Geschmetter,
das im Himmel widerhallt.

E il meschino calunniato,
Avvilito, calpestato,
Sotto il pubblico flagello
Per gran sorte va a crepar.

Recitativo

Ah! che ne dite?
BARTOLO. Eh! sarà ver, ma intanto
Si perde tempo e qui stringe il bisogno.
No: vo' fare a mio modo:
In mia camera andiam. Voglio che insieme
Il contratto di nozze ora stendiamo.
Quando sarà mia moglie,
Da questi zerbinotti innamorati
Metterla in salvo sarà pensier mio.
BASILIO *(a parte).*
Vengan denari: al resto son qua io.
(Entrano nella prima camera a destra.)

Scena tredicesima

Figaro uscendo con precauzione, indi Rosina.

FIGARO. Ma bravi! ma benone!
Ho inteso tutto. Evviva il buon dottore!
Povero babbuino!
Tua sposa? Eh via! Pulisciti il bocchino.
Or che stan là chiusi,
Procuriam di parlare alla ragazza:
Eccola appunto.
ROSINA *(entrando).* Ebbene, signor Figaro?
FIGARO. Gran cose, signorina.
ROSINA. Sì, davvero?
FIGARO. Mangerem dei confetti.
ROSINA. Come sarebbe a dir?

Und der Arme, so verleumdet,
erniedrigt und getreten,
muß unter der öffentlichen Geißel
unweigerlich zugrunde gehen.

Rezitativ

Na! was sagt Ihr?
BARTOLO. Ah! Ihr habt recht, aber indessen
verstreicht die Zeit, und die Geschäfte drängen.
Nein, ich mach's auf meine Art:
Gehn wir auf mein Zimmer. Ich will, daß wir zusammen
den Ehekontrakt jetzt aufsetzen.
Ist sie erst einmal meine Gattin –
vor diesen verliebten Laffen sie zu schützen
sei dann meine Sorge.
BASILIO *(beiseite).*
Wenn nur Geld winkt: ich bin dabei.
(Sie gehen in das Zimmer zur Rechten.)

Dreizehnte Szene

Figaro tritt vorsichtig hervor, dann Rosine.

FIGARO. Ah, bravo! Ausgezeichnet!
Ich hörte alles. Es lebe der gute Doktor!
Armer Tropf!
Deine Gattin? Geh doch! Wisch dir den Schnabel.
Da sie sich dort eingeschlossen haben,
versuchen wir, das Mädchen zu sprechen:
Sie kommt gerade.
ROSINE *(tritt ein).* Was gibt's, Herr Figaro?
FIGARO. Große Ereignisse, Signorina.
ROSINE. Ja, wirklich?
FIGARO. Es wird eine Hochzeit geben.
ROSINE. Wie soll ich das verstehen?

FIGARO. Sarebbe a dire
Che il vostro bel tutore ha stabilito
Esser dentro doman vostro marito.
ROSINA. Eh, via!
FIGARO. Oh, ve lo giuro;
A stender il contratto
Col maestro di musica
Là dentro or s'è serrato.
ROSINA. Sì? oh, l'ha sbagliata affè!
Povero sciocco! L'avrà a far con me.
Ma dite, signor Figaro,
Voi poco fa sotto le mie finestre
Parlavate a un signore ...
FIGARO. Ah, un mio cugino,
Un bravo giovinotto; buona testa,
Ottimo cuor; qui venne
I suoi studi a compire,
E il poverin cerca di far fortuna.
ROSINA. Fortuna? oh, la farà.
FIGARO. Oh, ne dubito assai: in confidenza
Ha un gran difetto addosso.
ROSINA. Un gran difetto ...
FIGARO. Ah, grande:
È innamorato morto.
ROSINA. Sì, davvero?
Quel giovane, vedete,
M'interessa moltissimo.
FIGARO. Per Bacco!
ROSINA. Non mi credete?
FIGARO. Oh sì!
ROSINA. E la sua bella,
Dite, abita lontano?
FIGARO. Oh no! ... cioè ...
Qui! ... due passi ...
ROSINA. Ma è bella? ...
FIGARO. Oh, bella assai!

FIGARO. Das soll heißen,
Euer edler Vormund hat beschlossen,
bis morgen Euer Gatte zu werden.
ROSINE. Ach, Unsinn!
FIGARO. Oh, ich schwör es Euch;
um den Ehekontrakt aufzusetzen
mit dem Musiklehrer,
hat er sich da drin verschanzt.
ROSINE. Ja? Oh, da hat er sich geirrt!
Armer Einfaltspinsel! Er bekommt's mit mir zu tun.
Aber sagt, Herr Figaro,
Ihr spracht vor kurzem unter meinen Fenstern
mit einem Herrn ...
FIGARO. Ach, ein Vetter,
ein braver Bursche; ein heller Kopf,
das beste Herz; er kam her,
seine Studien zu beenden,
und der Arme will sein Glück versuchen.
ROSINE. Sein Glück? Oh, er wird es machen.
FIGARO. Oh, daran zweifle ich sehr: im Vertrauen,
er hat einen großen Fehler.
ROSINE. Einen großen Fehler ...
FIGARO. Ach, einen großen:
er ist unsterblich verliebt.
ROSINE. So, wirklich?
Der Jüngling, Ihr merkt's,
interessiert mich ungemein.
FIGARO. Donnerwetter!
ROSINE. Ihr glaubt mir nicht?
FIGARO. O doch!
ROSINE. Und seine Schöne,
sagt doch, wohnt sie weit von hier?
FIGARO. O nein! ... nämlich ...
Hier! ... zwei Schritte ...
ROSINE. Und sie ist schön?
FIGARO. Oh, wunderschön!

Eccovi il suo ritratto in due parole:
Grassotta, genialotta,
Capello nero, guancia porporina,
Occhio che parla, mano che innamora . . .
ROSINA. E il nome? . . .
FIGARO. Ah, il nome ancora?
Il nome . . . Ah, che bel nome! . . .
Si chiama . . .
ROSINA. Ebbene, si chiama? . . .
FIGARO. Poverina! . . .
Si chiama . . . erre . . . o . . . ro . . . rosi . . . Rosina.

No. 8 Duetto

ROSINA. Dunque io son . . . tu non m'inganni?
Dunque io son la fortunata! . . .
(A parte.) Già me l'ero immaginata:
Lo sapevo pria di te.
FIGARO. Di Lindoro il vago oggetto
Siete voi, bella Rosina.
(A parte.) Oh, che volpe sopraffina,
Ma l'avrà da far con me.
ROSINA. Senti, senti . . . ma a Lindoro
Per parlar come si fa?
FIGARO. Zitto, zitto, qui Lindoro
Per parlarvi or or sarà.
ROSINA. Per parlarmi? . . . Bravo! bravo!
Venga pur, ma con prudenza;
Io già moro d'impazienza!
Ma che tarda? . . . ma che fa?
FIGARO. Egli attende qualche segno,
Poverin, del vostro affetto;
Sol due righe di biglietto
Gli mandate, e qui verrà.
Che ne dite?
ROSINA. Non vorrei . . .
FIGARO. Su, coraggio.

Hier ist ihr Porträt in zwei Worten:
üppig, geistreich,
schwarzes Haar, Purpurwangen,
beredte Augen, Hände zum Verlieben ...
ROSINE. Und der Name?
FIGARO. Ah, auch noch der Name?
Der Name ... Ach, ein schöner Name! ...
Sie heißt ...
ROSINE. Nun, sie heißt? ...
FIGARO. Die Arme! ...
Sie heißt ... R ... o ... Ro ... Rosi ... Rosine.

Nr. 8 Duett

ROSINE. Also ich ... du machst mir nichts vor?
Also ich wäre die Glückliche! ...
(Beiseite.) Ich hatt' es mir schon gedacht:
ich wußte es vor dir.
FIGARO. Lindoros Geliebte
seid nur Ihr, schöne Rosine.
(Beiseite.) Oh, die gerissene Füchsin,
doch sie hat's mit mir zu tun.
ROSINE. Hör doch, höre ... wie kann ich
Lindoro sprechen?
FIGARO. Leise, leise. Lindoro kommt schon her,
Euch zu sprechen.
ROSINE. Mich zu sprechen? ... Bravo! Bravo!
Komm er nur, aber vorsichtig;
ich sterbe schon vor Ungeduld!
Doch was säumt er? ... Was macht er?
FIGARO. Er wartet auf irgendein Zeichen,
der Arme, Eurer Zuneigung;
schickt ihm nur zwei Zeilen auf einem Kärtchen,
und er kommt her.
Was sagt Ihr?
ROSINE. Ich möchte nicht ...
FIGARO. Auf, nur Mut.

ROSINA. Non saprei . . .
FIGARO. Sol due righe . . .
ROSINA. Mi vergogno . . .
FIGARO. Ma di che? di che? . . . si sa!
(Andando allo scrittoio.)
Presto, presto; qua un biglietto.
ROSINA *(richiamandolo, cava dalla tasca il biglietto e glielo dà).*
Un biglietto? . . . eccolo qua.
FIGARO *(attonito).*
Già era scritto? Ve', che bestia!
Il maestro faccio a lei!
Ah, che in cattedra costei
Di malizia può dettar.
Donne, donne, eterni Dei,
Chi vi arriva a indovinar?
ROSINA. Fortunati affetti miei!
Io comincio a respirar.
Ah, tu solo, amor, tu sei
Che mi devi consolar!
(Figaro parte.)

Scena quattordicesima

Rosina, indi Bartolo.

Recitativo

ROSINA. Ora mi sento meglio. Questo Figaro
È un bravo giovinotto.
BARTOLO *(entrando).*
Insomma, colle buone,
Potrei sapere dalla mia Rosina
Che venne a far colui questa mattina?
ROSINA. Figaro? Non so nulla.
BARTOLO. Ti parlò?

ROSINE. Ich wüßte nicht ...
FIGARO. Nur zwei Zeilen ...
ROSINE. Ich schäme mich ...
FIGARO. Aber warum? Weshalb? ... Natürlich!
(Geht zum Schreibpult.)
Schnell, schnell; hier ein Kärtchen.
ROSINE *(ruft ihn zurück, zieht aus der Tasche das Billett und reicht es ihm).*
Ein Kärtchen? ... Bitte, hier.
FIGARO *(überrascht).*
Schon geschrieben? Ei, das gerissene Weib!
Und ich will sie anleiten!
Ach, von der Kanzel könnte sie
die Bosheit lehren.
Weiber, Weiber, ewige Götter,
wer kann sie je ergründen?
ROSINE. Solches Glück empfinde ich!
Ich beginne aufzuatmen.
Ach, du allein, Liebe,
sollst mich trösten.
(Figaro ab.)

Vierzehnte Szene

Rosine, dann Bartolo.

Rezitativ

ROSINE. Jetzt fühle ich mich besser. Dieser Figaro
ist ein braver Junge.
BARTOLO *(tritt ein).*
Also, in aller Güte,
könnte ich von meiner Rosine erfahren,
was er so früh am Morgen wollte?
ROSINE. Figaro? Was weiß ich.
BARTOLO. Sprach er mit dir?

ROSINA. Mi parlò.
BARTOLO. Che ti diceva?
ROSINA. Oh! mi parlò di cento bagattelle ...
Del figurin di Francia,
Del mal della sua figlia Marcellina.
BARTOLO. Davvero! ... Ed io scommetto ...
Che portò la risposta al tuo biglietto.
ROSINA. Qual biglietto?
BARTOLO. Che serve!
L'arietta dell'»Inutil precauzione«
Che ti cadde staman giù dal balcone.
Vi fate rossa?
(A parte.) Avessi indovinato!
(Forte.) Che vuol dir questo dito
Così sporco d'inchiostro?
ROSINA. Sporco? oh, nulla.
Io me l'avea scottato,
E coll'inchiostro or or l'ho medicato.
BARTOLO *(a parte)*. Diavolo!
(Forte.) E questi fogli ...
Or son cinque ... eran sei.
ROSINA. Que' fogli? ... è vero.
D'uno mi son servita
A mandar dei confetti a Marcellina.
BARTOLO. Bravissima! E la penna
Perché fu temperata?
ROSINA *(a parte)*. Maledetto!
(Forte.) La penna! ...
Per disegnare un fiore sul tamburo.
BARTOLO. Un fiore?
ROSINA. Un fiore.
BARTOLO. Un fiore!
Ah! fraschetta!
ROSINA. Davver.
BARTOLO. Zitta!
ROSINA. Credete.

ROSINE. Er sprach mit mir.
BARTOLO. Was sagte er dir?
ROSINE. Oh! Er sprach von hundert Kleinigkeiten ...
Von Modejournalen aus Frankreich,
von der Krankheit seiner Tochter Marcellina.
BARTOLO. Wirklich? ... Und ich wette ...
er brachte die Antwort auf dein Billett.
ROSINE. Welches Billett?
BARTOLO. Was soll das!
Das Liedchen aus der »Vergeblichen Vorsicht«,
das dir heute vom Balkon hinunterfiel.
Ihr errötet?
(Beiseite.) Sollte ich's erraten haben?
(Laut.) Warum ist dieser Finger
so beschmiert mit Tinte?
ROSINE. Beschmiert? Oh, nichts.
Ich hatt' ihn mir verbrannt
und mit der Tinte behandelt.
BARTOLO *(beiseite)*. Teufelsweib!
(Laut.) Und diese Blätter ...
Jetzt sind es fünf ... es waren sechs.
ROSINE. Diese Blätter? ... ganz richtig,
eines hab ich mir genommen,
um Marcellina Pralinen zu schicken.
BARTOLO. Bravissimo! Und die Feder,
warum ist sie angespitzt?
ROSINE *(beiseite)*. Verdammt!
(Laut.) Die Feder! ...
Um eine Blume auf den Stickrahmen zu zeichnen.
BARTOLO. Eine Blume?
ROSINE. Eine Blume.
BARTOLO. Eine Blume!
Gewissenloses Geschöpf!
ROSINE. Wirklich.
BARTOLO. Still!
ROSINE. So glaubt doch.

BARTOLO. Basta così.
ROSINA. Signor . . .
BARTOLO. Non più . . . tacete.

No. 9 Aria

A un dottor della mia sorte
Queste scuse, signorina!
Vi consiglio, mia carina,
Un po' meglio a imposturar.

I confetti alla ragazza!
Il ricamo sul tamburo!
Vi scottaste: eh via! eh via!
Ci vuol altro, figlia mia,
Per potermi corbellar.

Perché manca là quel foglio?
Vo' saper cotesto imbroglio.
Sono inutili le smorfie;
Ferma là, non mi toccate!
Figlia mia, non lo sperate
Ch'io mi lasci infinocchiar.

Via, carina, confessate;
Son disposto a perdonar.
Non parlate? Vi ostinate?
So ben io quel che ho da far.

Signorina, un'altra volta
Quando Bartolo andrà fuori,
La consegna ai servitori
A suo modo far saprà.

Ah, non servono le smorfie,
Faccia pur la gatta morta.
Cospetton! per quella porta
Nemmen l'aria entrar potrà.

BARTOLO. Mir reicht's.
ROSINE. Mein Herr ...
BARTOLO. Nichts mehr ... schweigt.

Nr. 9 Arie

Einem Doktor meinesgleichen
solche Ausflüchte, Signorina!
Ich rat Euch, meine Liebe,
etwas schlauer zu betrügen.

Die Pralinen für das Mädchen!
Eine Zeichnung auf dem Stickrahmen!
Der verbrannte Finger: ei! ei!
Es gehört mehr dazu, meine Tochter,
mich zu hintergehn.

Warum fehlt dort jenes Blatt?
Ich durchschaue diesen Schwindel.
Unnütz sind die Mätzchen;
bleibet da, rührt mich nicht an!
Meine Tochter, hoffet nicht,
mich zu berücken.

Nun, meine Liebe, gebt es zu;
ich bin zum Verzeihn geneigt.
Ihr sprecht nicht? bleibt verstockt?
Dann weiß ich, was zu tun ist.

Signorina, geht Bartolo künftig
aus dem Haus,
übergibt er Euch den Dienern,
wird er es schon klüger anstellen.

Ah, es nützen nichts die Mätzchen,
spiel' sie nur die Ahnungslose.
Teufelsweib! Durch diese Tür
dringt kein Lüftchen mehr.

E Rosina innocentina,
Sconsolata, disperata,
In sua camera serrata
Fin ch'io voglio star dovrà.
(Parte.)

Scena quindicesima

Rosina, sola.

Recitativo

ROSINA. Brontola quanto vuoi,
Chiudi porte e finestre. Io me ne rido:
Già di noi femmine alla più marmotta
Per aguzzar l'ingegno
E far la spiritosa, tutto a un tratto,
Basta chiuder la chiave e il colpo è fatto.
(Parte.)

Scena sedicesima

Berta, poi il Conte.

BERTA *(entrando).*
Finora in questa camera
Mi parve di sentir un mormorio;
Sarà stato il tutor; colla pupilla
Non ha un'ora di ben ... Queste ragazze
Non la voglion capir.
(Si batte alla porta.) Battono.
CONTE *(di dentro).* Aprite.
BERTA. Vengo ... Eccì ... Ancora dura;
Quel tabacco m'ha posta in sepoltura.
(Corre ad aprire.)

Und Rosine, der Unschuldsengel,
bleibt trostlos, ganz verzweifelt,
in ihrem Zimmer eingesperrt,
solange ich es will.
(Ab.)

Fünfzehnte Szene

Rosine, allein.

Rezitativ

ROSINE. Brumm, soviel du willst,
verriegle Tür und Fenster. Ich lache darüber.
Will man den allerdümmsten Weibchen
den Verstand schärfen
und ihnen Geist einhauchen, mit einem Schlage,
so genügt es, sie einzuschließen, und es ist erreicht.
(Ab.)

Sechzehnte Szene

Marzelline, dann der Graf.

MARZELLINE *(tritt ein).*
Mir war, als hörte ich in diesem Zimmer
eben noch ein Geräusch;
sicher war's der Vormund; mit dem Mündel
hat er keine ruhige Stunde ... Diese Mädchen
werden nie vernünftig.
(Es klopft an der Tür.) Es klopft.
GRAF *(hinter der Szene).* Öffnet.
MARZELLINE. Ich komme ... Hatschi ... Es hört nicht auf;
dieser Tabak bringt mich ins Grab.
(Sie geht öffnen.)

Scena diciassettesima

Il Conte travestito da soldato di cavalleria, indi Bartolo.

No. 10 Finale I

CONTE. Ehi, di casa! ... buona gente! ...
Ehi, di casa! ... niun mi sente!
BARTOLO *(entrando).*
Chi è costui? ... che brutta faccia!
È ubbriaco! chi sarà?
CONTE. Ehi, di casa! ... maledetti! ...
BARTOLO. Cosa vuol, signor soldato? ...
CONTE. Ah! ... sì, ... sì, ... bene obbligato.
(Vedendolo, cerca in tasca.)
BARTOLO *(a parte).* Qui costui che mai vorrà?
CONTE. Siete voi ... Aspetta un poco ...
Siete voi ... dottor Balordo?
BARTOLO. Che balordo? ...
CONTE *(leggendo).* Ah, ah, Bertoldo?
BARTOLO. Che Bertoldo? Eh, andate al diavolo!
Dottor Bartolo.
CONTE. Ah, bravissimo;
Dottor barbaro; benissimo;
Già v'è poca differenza.
(A parte.) Non si vede! che impazienza!
Quanto tarda! dove sta?
BARTOLO *(a parte).* Io già perdo la pazienza,
Qui prudenza ci vorrà.
CONTE. Dunque voi ... siete dottore?
BARTOLO. Son dottore ... sì, signore.
CONTE. Ah, benissimo; un abbraccio,
Qua, collega.
BARTOLO. Indietro!
CONTE *(lo abbraccia per forza).* Qua.
Sono anch'io dottor per cento,
Maniscalco al reggimento.

Siebzehnte Szene

Der Graf, als Kavallerist verkleidet, dann Bartolo.

Nr. 10 Finale I

GRAF. He, ihr vom Hause! ... Gute Leute!
He, ihr vom Hause! ... Hört mich niemand!
BARTOLO *(tritt ein).*
Wer ist der? ... Was für eine gräßliche Visage!
Er ist betrunken! Wer mag's sein?
GRAF. He, ihr vom Hause! ... Verdammte! ...
BARTOLO. Was wollt Ihr, Herr Soldat? ...
GRAF. Ah! ... ja ... ja ... sehr verbunden.
(Bartolo erkennend, sucht in der Tasche.)
BARTOLO *(beiseite).* Was will der wohl hier?
GRAF. Ihr seid ... wartet ein wenig ...
Ihr seid ... Doktor Balordo?
BARTOLO. Wieso Balordo? ...
GRAF *(liest).* Ja, ja, Bertoldo?
BARTOLO. Wieso Bertoldo? Eh, fort zum Henker!
Doktor Bartolo.
GRAF. Ach, bravissimo;
Doktor Barbaro; ganz recht;
da ist allerdings kein Unterschied.
(Beiseite.) Sie ist nicht zu sehen! Welche Ungeduld!
Wie sie zögert! Wo steckt sie?
BARTOLO *(beiseite).* Schon verlier ich die Geduld,
doch es heißt bedachtsam sein.
GRAF. Also Ihr ... seid Doktor?
BARTOLO. Ich bin Doktor ... ja, mein Herr.
GRAF. Ah, vortrefflich; ich umarm Euch,
kommt, Herr Kollege!
BARTOLO. Zurück!
GRAF *(umarmt ihn gewaltsam).* Kommt.
Auch ich bin Doktor ganz und gar,
Hufschmied des Regiments.

(Presentando il biglietto.)
Dell'alloggio sul biglietto
Osservate, eccolo qua.
BARTOLO. Dalla rabbia e dal dispetto
Io già crepo in verità.
Ah, ch'io fo, se mi ci metto,
Qualche gran bestialità!
(Legge il biglietto.)
CONTE *(a parte).* Ah, venisse il caro oggetto
Della mia felicità!
Vieni, vieni; il tuo diletto
Pien d'amor t'attende qua.

Scena diciottesima

Rosina e detti.

ROSINA. D'ascoltar qua m'è sembrato
Un insolito rumore . . .
(Si arresta vedendo Bartolo.)
Un soldato ed il tutore!
Cosa mai faranno qua?
(Si avanza pian piano.)
CONTE *(a parte).* È Rosina; or son contento.
ROSINA *(a parte).* Ei mi guarda, e s'avvicina.
CONTE *(piano a Rosina).* Son Lindoro.
ROSINA *(piano).* Oh ciel! che sento!
Ah, giudizio, per pietà!
BARTOLO *(vedendo Rosina).* Signorina, che cercate?
Presto, presto, andate via.
ROSINA. Vado, vado, non gridate.
BARTOLO. Presto, presto, via di qua . . .
CONTE. Ehi, ragazza, vengo anch'io.
BARTOLO. Dove, dove, signor mio?
CONTE. In caserma, oh, questa è bella!

(Zeigt den Schein.)
Der Einquartierungsschein,
seht, hier ist er.
BARTOLO. Vor Wut und Verachtung
platze ich ja schon.
Ach, ich werde, wenn ich bleibe,
noch gewalttätig!
(Liest den Schein.)
GRAF *(beiseite).* Ach, käm' die Geliebte,
die mich glücklich macht!
Komm, komm; dein Geliebter
wartet voller Sehnsucht hier.

Achtzehnte Szene

Rosine und die Vorigen.

ROSINE. Mir war, als hörte ich hier
einen ungewöhnlichen Lärm ...
(Sie bleibt stehen, als sie Bartolo sieht.)
Ein Soldat und der Vormund!
Was tun sie hier?
(Sie kommt allmählich näher.)
GRAF *(beiseite).* Es ist Rosine; nun bin ich glücklich.
ROSINE *(beiseite).* Er fixiert mich und kommt näher.
GRAF *(leise zu Rosine).* Bin Lindoro.
ROSINE *(leise).* O Himmel! Was hör ich!
Ach, Vorsicht, ich bitt Euch!
BARTOLO *(sieht Rosine).* Signorina, was sucht Ihr?
Schnell, schnell, geht fort.
ROSINE. Ich geh, ich geh, schreit doch nicht.
BARTOLO. Schnell, schnell, fort von hier ...
GRAF. He, Mädchen, ich komm mit.
BARTOLO. Wohin, wohin, mein Herr?
GRAF. In die Kaserne, oh, die ist schön!

BARTOLO. In caserma? ... bagattella!
CONTE. Cara! ...
ROSINA. Aiuto!
BARTOLO. Olà, cospetto!
CONTE *(a Bartolo, incamminandosi verso le camere).*
Dunque vado ...
BARTOLO *(trattenendolo).*
Oh, no, signore,
Qui d'alloggio non può star.
CONTE. Come? Come?
BARTOLO. Eh, non v'è replica:
Ho il brevetto d'esenzione.
CONTE *(adirato).* Il brevetto? ...
BARTOLO. Mio padrone,
Un momento e il mostrerò.
(Va allo scrittoio.)
CONTE *(a Rosina, piano).*
Ah, se qui restar non posso,
Deh, prendete ...
ROSINA *(piano).* Ohimè, ci guarda!
CONTE *e* ROSINA *(piano).*
Cento smanie io sento addosso.
Ah, più reggere non so.
BARTOLO *(cercando nello scrittoio, a parte).*
Ah, trovarlo ancor non posso;
Ma sì, sì, lo troverò.
(Venendo avanti con una pergamena.)
Ecco qui.
(Legge.) »Con la presente
Il Dottor Bartolo, etcetera,
Esentiamo ...«
CONTE *(con un rovescio di mano manda in aria la pergamena).* Eh, andate al diavolo!
Non mi state più a seccar.
BARTOLO. Cosa fa, signor mio caro?
CONTE. Zitto là, Dottor somaro.

BARTOLO. In die Kaserne? ... Unsinn!
GRAF. Liebling! ...
ROSINE. Hilfe!
BARTOLO. Oh, verflucht!
GRAF *(zu Bartolo, auf die Zimmer zugehend).*
Also geh ich ...
BARTOLO *(hält ihn auf).*
Oh, nein, mein Herr,
Hier ist kein Quartier für Euch.
GRAF. Was? Was?
BARTOLO. Nun, ohne Widerspruch:
Ich hab Quartierbefreiung.
GRAF *(zornig).* Befreiung? ...
BARTOLO. Mein Herr,
gleich zeige ich sie vor.
(Geht zum Schreibtisch.)
GRAF *(zu Rosine, leise).*
Ach, wenn ich hier nicht bleiben kann,
nehmt das ...
ROSINE *(leise).* Oh, er sieht uns!
GRAF *und* ROSINE *(leise).*
Hundert Wünsche fühle ich in mir.
Ach, ich kann mich nicht beherrschen.
BARTOLO *(sucht im Schreibtisch, beiseite).*
Ach, finden kann ich es noch nicht,
doch ich werd's schon finden.
(Kommt mit seiner Urkunde nach vorn.)
Hier ist's.
(Liest.) »Hiermit wird
Doktor Bartolo, et cetera,
befreit von ...«
GRAF *(schlägt mit einer Handbewegung die Urkunde in die Luft).* Fort, geht zum Teufel!
Ihr werdet mich nicht mehr ärgern.
BARTOLO. Was soll das, mein lieber Herr?
GRAF. Still, Doktor Esel.

Il mio alloggio è qui fissato,
E in alloggio qui vo' star.

BARTOLO. Vuol restar?

CONTE. Restar, sicuro.

BARTOLO *(prendendo un bastone).*
Oh, son stufo, mio padrone;
Presto fuori, o un buon bastone
Lo farà di qua sloggiar.

CONTE *(serio).* Dunque lei ... lei vuol battaglia?
Ben! Battaglia le vo' dar.
Bella cosa è una battaglia!
Ve la voglio qui mostrar.
(Avvicinandosi amichevolmente a Bartolo.)
Osservate! ... questo è il fosso ...
L'inimico voi sarete ...
(Gli dà una spinta.)
Attenzion ...
(Piano a Rosina alla quale si avvicina porgendole la lettera.) giù il fazzoletto.
(Forte.) E gli amici stan di qua.
Attenzione!
(Coglie il momento in cui Bartolo l'osserva meno attentamente. Lascia cadere il biglietto e Rosina vi fa cadere sopra il fazzoletto.)

BARTOLO. Ferma, ferma! ...

CONTE *(rivolgendosi e fingendo accorgersi della lettera che raccoglie).*
Che cos'è? ... ah! ...

BARTOLO *(avvedendosene).* Vo' vedere.

CONTE. Sì, se fosse una ricetta!
Ma un biglietto ... è mio dovere ...
Mi dovete perdonar.
(Fa una riverenza a Rosina e le dà il biglietto e il fazzoletto.)

ROSINA. Grazie, grazie!

BARTOLO. Grazie un corno!

Man hat mich hier eingewiesen,
und ich bleib hier im Quartier.

BARTOLO. Ihr wollt bleiben?

GRAF. Bleiben, freilich.

BARTOLO *(nimmt einen Stock).*
Oh, ich bin es leid, mein Herr;
schnell hinaus, oder mein Stock
wird Euch hier ausquartieren!

GRAF *(ernsthaft).* Also Ihr ... Ihr wollt die Schlacht?
Gut! Die Schlacht, ich liefere sie Euch.
Eine schöne Sache ist eine Schlacht!
Ich will's Euch hier zeigen.
(Nähert sich Bartolo freundlich.)
Paßt auf! ... Das ist der Graben ...
Der Feind seid Ihr ...
(Er versetzt ihm einen Stoß.)
Achtung ...
(Leise zu Rosine, der er sich nähert, um ihr den Brief zu geben.) runter mit dem Taschentuch.
(Laut.) Und die Freunde stehen da.
Achtung!
(Er nutzt den Augenblick, in dem Bartolo ihn weniger aufmerksam beobachtet. Er läßt das Billett fallen, und Rosine wirft ihr Taschentuch darauf.)

BARTOLO. Halt, halt! ...

GRAF *(wendet sich um und tut, als wenn er den Brief bemerkt, hebt ihn auf).*
Was ist das? ... Ah! ...

BARTOLO *(blickt darauf).* Ich will's sehen.

GRAF. Ja, wär' es ein Rezept!
Aber ein Billett ... es ist meine Pflicht ...
Ihr müßt mir verzeihen.
(Er verbeugt sich vor Rosine und gibt ihr Billett und Taschentuch.)

ROSINE. Danke, danke.

BARTOLO. Nichts da, danke!

Qua quel foglio; impertinente!
(A Rosina.) A chi dico? Presto qua.

ROSINA. Ma quel foglio che chiedete,
Per azzardo m'è cascato;
È la lista del bucato.
(Entrano da una parte Basilio con carte in mano, dall'altra Berta.)

BARTOLO. Ah, fraschetta! Presto qua.
(Le strappa il foglio con violenza.)
Ah, che vedo! ho preso abbaglio! ...
È la lista, son di stucco!
Ah, son proprio un mammalucco!
Ah, che gran bestialità!

ROSINA *e* CONTE *(a parte).*
Bravo, bravo il mammalucco
Che nel sacco entrato è già.

BERTA *(a parte).* Non capisco, son di stucco;
Qualche imbroglio qui ci sta.

ROSINA *(piangendo).* Ecco qua! ... sempre un'istoria;
Sempre oppressa e maltrattata;
Ah, che vita disperata!
Non la so più sopportar.

BARTOLO *(avvicinandosile).* Ah, Rosina ... poverina ...

CONTE *(minacciando e afferrandolo per un braccio).*
Via qua tu, cosa le hai fatto?

BARTOLO. Ah, fermate ... niente affatto ...

CONTE *(cavando la sciabola).* Ah, canaglia, traditore!

TUTTI *(trattenendolo).* Via, fermatevi, signore.

CONTE. Io ti voglio subissar!

TUTTI *(eccetto il Conte e Rosina).*
Gente! Aiuto, soccorrete- { mi! / lo! }

ROSINA. Ma chetatevi ...

CONTE. Lasciatemi!

TUTTI *(come sopra).* Gente! aiuto, per pietà!

Her das Briefchen, Unverschämte!
(Zu Rosine.) Hörst du nicht? Sofort her.
ROSINE. Aber das Blatt, das Ihr verlangt,
ist durch Zufall mir entfallen;
es ist der Wäschezettel.
(Es treten auf von einer Seite Basilio mit Notenblättern in der Hand, von der anderen Marzelline.)
BARTOLO. Ah, du Schlange! Sofort her.
(Er entreißt ihr den Zettel gewaltsam.)
Ah, was seh ich! Ich irrte mich! ...
Es ist der Zettel, ich bin versteinert!
Ah, ich bin doch ein Tropf!
Ah, welch eine Teufelei!
ROSINE *und* GRAF *(beiseite).*
Bravo, bravo, dieser Tropf,
er ist schon hereingefallen.
MARZELLINE *(beiseite).* Ich versteh's nicht, ich bin starr;
ein Wirrwarr ist das hier.
ROSINE *(weinend).* Seht nur! ... Immer so ein Drama;
immer bin ich gepeinigt und gequält;
ach, ein Leben zum Verzweifeln!
Länger halt ich das nicht aus.
BARTOLO *(nähert sich ihr).*
Ach, Rosine ... armes Mädchen ...
GRAF *(bedroht Bartolo und packt ihn am Arm).*
Weg von ihr, was hast du ihr getan?
BARTOLO. Ach, haltet ein ... gar nichts ...
GRAF *(zieht den Säbel).* Ha, Kanaille, Gauner!
ALLE *(halten ihn zurück).* Ach, haltet ein, Herr.
GRAF. Ich werde dich vernichten!
ALLE *(außer dem Grafen und Rosine).*
Leute! Hilfe, rettet { ihn! / mich! }
ROSINE. Beruhigt Euch doch ...
GRAF. Laßt mich!
ALLE *(wie oben).* Leute! Hilfe, bitte!

Scena diciannovesima

Figaro entrando col bacile sotto il braccio, e detti.

FIGARO. Alto là!
Che cosa accadde,
Signori miei?
Che chiasso è questo?
Eterni Dei!
Già sulla piazza
A questo strepito
S'è radunata
Mezza città.
(Piano al Conte.)
Signor, giudizio,
Per carità.
BARTOLO *(additando il Conte).* Quest'è un birbante ...
CONTE *(additando Bartolo).* Quest'è un briccone ...
BARTOLO. Ah, disgraziato! ...
CONTE *(minacciando colla sciabola).* Ah, maledetto! ...
FIGARO *(alzando il bacile e minacciando il Conte).*
Signor soldato,
Porti rispetto,
O questo fusto,
Corpo del diavolo,
Or la creanza
Le insegnerà.
(Piano.) Signore, giudizio,
Per carità.
CONTE *(a Bartolo).* Brutto scimmiotto! ...
BARTOLO *(al Conte).* Birbo malnato!
TUTTI *(a Bartolo).* Zitto, dottore ...
BARTOLO. Voglio gridare ...
TUTTI *(al Conte).* Fermo, signore ...
CONTE. Voglio ammazzare ...

Neunzehnte Szene

Figaro, Barbierzeug unterm Arm, tritt ein; die Vorigen.

FIGARO. Haltet ein!
Was ist geschehen,
meine Herrschaften?
Was soll der Lärm?
Ewige Götter!
Schon hat sich auf dem Platz
bei diesem Geschrei
die halbe Stadt
versammelt.
(Leise zum Grafen.)
Vorsicht, mein Herr,
um Himmels willen.
BARTOLO *(auf den Grafen zeigend).* Dieser Bursche ...
GRAF *(auf Bartolo zeigend).* Dieser Kerl ...
BARTOLO. Ah, Unverschämter! ...
GRAF *(droht mit dem Säbel).* Ah, Verfluchter! ...
FIGARO *(erhebt das Barbierbecken und bedroht den Grafen).*
Herr Soldat,
etwas mehr Respekt,
oder dieses Gefäß
zum Teufel,
wird Euch sogleich
Anstand lehren.
(Leise.) Vorsicht, mein Herr,
um Himmels willen.
GRAF *(zu Bartolo).* Häßlicher Affe! ...
BARTOLO *(zum Grafen).* Mißgeburt!
ALLE *(zu Bartolo).* Ruhig, Doktor ...
BARTOLO. Ich will schreien ...
ALLE *(zum Grafen).* Haltet ein, Herr ...
GRAF. Ich bring ihn um ...

TUTTI. Fate silenzio,
Per carità.
CONTE. No, voglio ucciderlo,
Non v'è pietà.
(Si ode bussare con violenza alla porta di strada.)
TUTTI. Zitti, che battono …
Chi mai sarà?
BARTOLO. Chi è?
UFFICIALE. Olà!
CORO *(di dentro).* La forza,
Aprite qua.
TUTTI. La forza! Oh diavolo!
FIGARO *e* BASILIO. L'avete fatta!
CONTE *e* BARTOLO. Niente paura.
Venga pur qua.
TUTTI. Quest'avventura,
Ah, come diavolo
Mai finirà?

Scena ventesima

Un ufficiale con soldati, e detti.

CORO. Fermi tutti. Niun si mova.
Miei signori, che si fa?
Questo chiasso d'onde è nato?
La cagione presto qua.
BARTOLO. Questa bestia di soldato,
Mio signor, m'ha maltrattato.
FIGARO. Io qua venni, mio signore,
Questo chiasso ad acquetare.
BERTA *e* BASILIO. Fa un inferno di rumore,
Parla sempre d'ammazzare.
CONTE. In alloggio quel briccone
Non mi volle qui accettare.

ALLE. Seid doch still,
um Gottes willen.
GRAF. Nein, ich will ihn töten,
ohne Gnade.
(Man hört an der Haustür stark klopfen.)
ALLE. Ruhig, es klopft ...
Wer mag das sein?
BARTOLO. Wer da?
OFFIZIER. Hallo!
CHOR *(von draußen).* Die Wache,
öffnet.
ALLE. Die Wache! O Teufel!
FIGARO *und* BASILIO. Ihr habt's geschafft!
GRAF *und* BARTOLO. Keine Angst.
Sie komm' nur her.
ALLE. Dieses Abenteuer,
ach, zum Teufel,
wie wird es nur enden?

Zwanzigste Szene

Ein Offizier mit Soldaten; die Vorigen.

CHOR *(Wache).* Stillgestanden alle. Keiner rührt sich.
Meine Herrschaften, was soll das?
Wie ist dieser Lärm entstanden?
Schnell den Grund.
BARTOLO. Diese Bestie von Soldat
hat, mein Herr, mich malträtiert.
FIGARO. Ich kam nur, mein Herr,
diesen Aufruhr zu beruhigen.
MARZELLINE *und* BASILIO. Einen Höllenlärm macht er,
spricht ständig von Mord.
GRAF. Als Quartiergast wollte dieser Kerl
mich hier nicht dulden.

ROSINA. Perdonate, poverino,
Tutto effetto fu del vino.
UFFICIALE. Ho inteso.
(Al Conte.) Galantuom, siete in arresto.
Fuori presto,
Via di qua.
(I soldati si muovono per circondare il Conte.)
CONTE. Io in arresto?
... Fermi, olà.
(Con gesto autorevole trattiene i soldati che si arrestano. Egli chiama a sè l'Ufficiale, gli dà a leggere un foglio: l'Ufficiale resta sorpreso, vuol fargli un inchino, e il Conte lo trattiene. L'Ufficiale fa cenno ai soldati che si ritirano indietro, e anch'egli fa lo stesso. Quadro di stupore.)
BARTOLO, ROSINA, BASILIO *e* BERTA.
Fredd $\left.\begin{matrix}o\\a\end{matrix}\right\}$ ed immobile
Come una statua
Fiato non restami
Da respirar.
CONTE. Freddo ed immobile
Come una statua,
Fiato non restagli
Da respirar.
FIGARO *(ridendo).* Guarda Don Bartolo!
Sembra una statua!
Ah ah! dal ridere
Sto per crepar!

Stretta del Finale I

BARTOLO *(all'Ufficiale).* Ma, signor ...
CORO. Zitto tu!
BARTOLO. Ma un dottor ...
CORO. Oh, non più!
BARTOLO. Ma se lei ...

ROSINE. Verzeiht ihm, dem Armen,
alles hat der Wein verschuldet.
OFFIZIER. Hab verstanden.
(Zum Grafen.) Verehrtester, Ihr seid verhaftet.
Schnell hinaus,
fort von hier.
(Die Soldaten wollen den Grafen umringen.)
GRAF. Ich verhaftet?
... Haltet, hallo.
(Mit gebieterischer Geste hält er die Soldaten zurück, die stehenbleiben. Er winkt den Offizier zu sich, gibt ihm eine Urkunde zu lesen: Der Offizier, überrascht, will sich vor ihm verbeugen, der Graf hält ihn davon ab. Der Offizier gibt den Soldaten einen Wink, sich zurückzuziehen, und auch er tut es. Ein Bild starren Staunens.)
BARTOLO, ROSINE, BASILIO *und* MARZELLINE.
Starr und steif bin ich,
wie eine Statue,
die Luft fehlt mir
zum Atmen.
GRAF. Starr und steif ist er,
wie eine Statue,
die Luft fehlt ihm
zum Atmen.
FIGARO *(lachend).* Seht Don Bartolo!
Er gleicht einer Statue!
Haha! Vor Lachen
platz ich gleich!

Stretta des Finale I

BARTOLO *(zum Offizier).* Aber, mein Herr ...
CHOR. Sei du still!
BARTOLO. Aber ein Doktor ...
CHOR. Oh, nichts mehr!
BARTOLO. Aber wenn Ihr ...

CORO. Non parlar ...
BARTOLO. Ma vorrei ...
CORO. Non gridar.
BERTA, BARTOLO *e* BASILIO. Ma se noi ...
CORO. Zitti voi.
A TRE. Ma se poi ...
CORO. Pensiam noi.
Vada ognun pe' fatti suoi,
Si finisca d'altercar.
BARTOLO. Ma sentite ...
A TRE. Zitto su!
Zitto giù!
BARTOLO. Ma ascoltate ...
A TRE. Zitto qua!
Zitto là!

TUTTI. Mi par d'esser con la testa
In un'orrida fucina,
Dove cresce e mai non resta
Delle incudini sonore
L'importuno strepitar.

Alternando questo e quello
Pesantissimo martello
Fa con barbara armonia
Muri e vôlte rimbombar.

E il cervello, poverello,
Già stordito, sbalordito.
Non ragiona, si confonde,
Si riduce ad impazzar.

CHOR. Redet nicht ...
BARTOLO. Aber ich will ...
CHOR. Schreit nicht.
MARZELLINE, BARTOLO, BASILIO. Aber wenn wir ...
CHOR. Still, ihr.
ZU DRITT. Aber wenn dann ...
CHOR. Wir wissen schon.
Jeder geh an seine Arbeit,
hört auf, zu streiten.
BARTOLO. Aber vernehmt ...
ZU DRITT. Still!
Kein Wort!
BARTOLO. Aber hört ...
ZU DRITT. Still!
Kein Wort!

ALLE. Mir ist, als wär mein Kopf
in einer Höllenschmiede,
wo immerfort anwächst
der dröhnenden Ambosse
unerträgliches Geklopfe.

Bald läßt dieser, bald läßt jener
überschwere Hammer
mit Donnertosen
Mauern und Gewölbe erzittern.

Und der Kopf, der arme,
schon ertaubt und ganz verwirrt,
denkt nicht mehr; er dreht sich,
schließlich wird er noch verrückt.

Atto secondo

Scena prima

Camera ad uso di studio in casa di Bartolo con sedia ed un pianoforte con varie carte di musica.

Bartolo, solo.

Recitativo

BARTOLO. Ma vedi il mio destino! Quel soldato,
Per quanto abbia cercato,
Niun lo conosce in tutto il reggimento.
Io dubito ... eh, cospetto!
Che dubitar? Scommetto
Che dal conte Almaviva
È stato qui spedito quel signore
Ad esplorar della Rosina il core.
Nemmen in casa propria
Sicuri si può star! Ma io ...
(Battono.) Chi batte?
Ehi, chi è di là ... Battono, non sentite!
In casa io son; non v'è timore, aprite.

Scena seconda

Il Conte vestito da maestro di musica, e detto.

No. 11 Duetto

CONTE. Pace e gioia sia con voi.
BARTOLO. Mille grazie, non s'incomodi.
CONTE. Gioia e pace per mill'anni.
BARTOLO. Obbligato in verità.
(A parte.) Questo volto non m'è ignoto,
Non ravviso ... non ricordo ...

Zweiter Akt

Erste Szene

Studierzimmer in Bartolos Haus, mit Sessel und einem Klavier mit verschiedenen Notenblättern.

Bartolo, allein.

Rezitativ

BARTOLO. Aber was für ein Los! Diesen Soldaten,
so sehr ich mich erkundigt,
kennt keiner im ganzen Regiment.
Ich zweifle ... zum Teufel!
Was zweifeln? Ich wette,
vom Grafen Almaviva
ist dieser Herr abgesandt,
das Herz Rosines zu erkunden.
Nicht mal im eignen Hause
kann man sicher sein! Aber ich ...
(Es klopft.) Wer klopft?
He, wer da ... Es klopft, hört ihr nicht!
Ich bin zu Hause; keine Bange, öffnet.

Zweite Szene

Der Graf, als Musiklehrer verkleidet, und der Vorige.

Nr. 11 Duett

GRAF. Friede und Freude sei mit Euch.
BARTOLO. Tausend Dank, zuviel der Güte.
GRAF. Freude und Friede für tausend Jahre.
BARTOLO. Sehr verbunden, wirklich.
(Beiseite.) Dieses Gesicht ist mir nicht unbekannt,
ich erkenn es nicht ... erinnere mich nicht ...

Ma quel volto . . . ma quell'abito . . .
Non capisco . . . chi sarà?
CONTE *(a parte).* Ah, se un colpo è andato a vuoto
A gabbar questo balordo,
Un novel travestimento
Più propizio a me sarà.
(Forte.) Gioia e pace, pace e gioia!
BARTOLO. Ho capito.
(A parte.) Oh! ciel! che noia!
CONTE. Gioia e pace, ben di core.
BARTOLO. Basta, basta, per pietà.
(A parte.) Ma che perfido destino!
Ma che barbara giornata!
Tutti quanti a me davanti!
Che crudel fatalità!
CONTE *(a parte).* Il vecchion non mi conosce:
Oh, mia sorte fortunata!
Ah, mio ben! Fra pochi istanti
Parlerem con libertà.

Recitativo

BARTOLO. Insomma, mio signore,
Chi è lei si può sapere? . . .
CONTE. Don Alonso,
Professore di musica ed allievo
Di Don Basilio.
BARTOLO. Ebbene?
CONTE. Don Basilio
Sta male, il poverino, ed in sua vece . . .
BARTOLO *(in atto di partire).*
Sta mal? . . . Corro a vederlo . . .
CONTE *(trattenendolo).* Piano, piano.
Non è mal così grave.
BARTOLO *(a parte).* Di costui non mi fido.
(Risoluto.) Andiam, andiamo.
CONTE. Ma signore . . .

aber das Gesicht ... aber dieses Benehmen ...
ich weiß nicht ... wer steckt dahinter?
GRAF *(beiseite)*. Ach, ist ein Streich mir mißlungen,
diesen Schwachsinnigen zu prellen,
wird eine neue Maskerade
mir günstiger sein.
(Laut.) Freude und Friede, Friede und Freude!
BARTOLO. Hab's vernommen.
(Beiseite.) Oh! Gott! Wie lästig!
GRAF. Freude und Friede, recht von Herzen.
BARTOLO. Basta, basta, ich bitt euch.
(Beiseite.) Ach, welch ein schweres Los!
Welch ein Tag der Plage!
Alle stürmen auf mich ein!
Welch grausames Geschick!
GRAF *(beiseite)*. Der Greis erkennt mich nicht:
oh, ich habe Glück!
Ach, Geliebte! Gleich
werden wir frei sprechen.

Rezitativ

BARTOLO. Kurz und gut, mein Herr,
darf man wissen, wer Ihr seid? ...
GRAF. Don Alonso,
Musiklehrer und Zögling
von Don Basilio.
BARTOLO. Und weiter?
GRAF. Don Basilio
ist erkrankt, der Ärmste, und an seiner Stelle ...
BARTOLO *(will gehen)*. Erkrankt? ... Ich geh zu ihm ...
GRAF *(hält ihn zurück)*. Langsam, langsam.
Er ist nicht so schwer krank.
BARTOLO *(beiseite)*. Dem trau ich nicht.
(Entschlossen.) Gehn wir, gehn wir.
GRAF. Aber mein Herr ...

BARTOLO *(brusco).* Che c'è?
CONTE *(tirandolo a parte).* Voleva dirvi ...
BARTOLO. Parlate forte.
CONTE *(sottovoce).* Ma ...
BARTOLO *(sdegnato).* Forte, vi dico.
CONTE *(sdegnato anch'esso e alzando la voce).*
Ebben, come volete,
Ma chi sia Don Alonso apprenderete.
(In atto di partire.)
Vo dal conte Almaviva ...
BARTOLO *(trattenendolo, con dolcezza).* Piano. piano.
Dite, dite, v'ascolto.
CONTE *(a voce alta e sdegnata).*
Il conte ...
BARTOLO. Piano,
Par carità.
CONTE *(calmandosi).* Stamane
Nella stessa locanda
Era meco d'alloggio, ed in mie mani
Per caso capitò questo biglietto
(mostrando un biglietto)
Dalla vostra pupilla a lui diretto.
BARTOLO *(prendendo il biglietto e guardandolo).*
Che vedo! ... è sua scrittura!
CONTE. Don Basilio
Nulla sa di quel foglio: ed io, per lui
Venendo a dar lezione alla ragazza,
Volea farmene un merito con voi ...
Perché ... con quel biglietto ...
(mendicando un ripiego con qualche imbarazzo)
Si potrebbe ...
BARTOLO. Che cosa? ...
CONTE. Vi dirò ...
S'io potessi parlare alla ragazza,
Io creder ... verbigrazia ... le farei

BARTOLO *(barsch).* Was noch?
GRAF *(zieht ihn beiseite).* Ich wollte Euch sagen ...
BARTOLO. Redet laut.
GRAF *(leise).* Aber ...
BARTOLO *(gereizt).* Laut, sag ich Euch.
GRAF *(gleichfalls gereizt und mit erhobener Stimme).*
Nun gut, wie es Euch beliebt,
aber Ihr sollt Don Alonso kennenlernen.
(Im Begriff zu gehen.)
Ich geh zum Grafen Almaviva ...
BARTOLO *(hält ihn zurück, sanft).* Leise, leise.
Redet, ich höre.
GRAF *(mit lauter und gereizter Stimme).*
Der Graf ...
BARTOLO. Leise,
bitte.
GRAF *(beruhigt sich).* Heute morgen
stieg er in demselben Gasthof
mit mir ab, und in meine Hände
geriet durch Zufall dies Billett,
(zeigt ihm das Billett)
von Eurem Mündel an ihn gerichtet.
BARTOLO *(nimmt das Billett und betrachtet es).*
Was seh ich! ... ihre Handschrift!
GRAF. Don Basilio
weiß nichts von dem Schreiben: und ich,
an seiner Stelle gekommen,
das Mädchen zu unterrichten,
wollte Euch einen Gefallen tun ...
denn ... mit dem Billett ...
(sucht nach einem Ausweg, etwas verlegen)
könnte man ...
BARTOLO. Was?
GRAF. Ich will's Euch sagen ...
könnte ich das Mädchen sprechen,
machte ich sie ... zum Beispiel ... glauben ...

Che me lo die' del Conte un'altra amante,
Prova significante
Che il Conte di Rosina si fa gioco.
E perciò . . .
BARTOLO. Piano un poco.
Una calunnia! . . . Oh bravo!
Degno e vero scolar di Don Basilio!
(Lo abbraccia, e mette in tasca il biglietto.)
Io saprò come merita
Ricompensar sì bel suggerimento.
Vo a chiamar la ragazza;
Poiché tanto per me v'interessate,
Mi raccomando a voi.
CONTE. Non dubitate.
(Bartolo entra nella camera di Rosina.)
L'affare del biglietto
Dalla bocca m'è uscito non volendo.
Ma come far? Senza d'un tal ripiego
Mi toccava andar via come un baggiano.
Il mio disegno a lei
Ora paleserò; s'ella acconsente,
Io son felice appieno.
Eccola. Ah, il cor sento balzarmi in seno.

Scena terza

Bartolo conducendo Rosina, e detto.

BARTOLO. Venite, signorina. Don Alonso,
Che qui vedete, or vi darà lezione.
ROSINA *(vedendo il Conte).*
Ah! . . .
BARTOLO. Cos'è stato?
ROSINA. È un granchio al piede.
CONTE. Oh nulla:

eine andere Geliebte des Grafen hätt' es mir gegeben;
ein sprechender Beweis,
daß der Graf sich mit Rosine einen Jux macht.
Und damit ...

BARTOLO. Nur leise.
Eine Verleumdung! ... O bravo!
Würdiger und wahrer Zögling von Don Basilio!
(Umarmt ihn und steckt das Billett in die Tasche.)
Ich weiß, solch schöner Rat
verdient Belohnung.
Ich geh das Mädchen rufen;
da Ihr so sehr an mir Anteil nehmt,
will ich Euch vertrauen.

GRAF. Zögert nicht.
(Bartolo geht in Rosines Zimmer.)
Die Sache mit dem Billett
kam mir unbedacht auf die Zunge.
Aber was sollt' ich tun? Ohne solchen Vorwand
hätte ich abziehen müssen wie ein begossener Pudel.
Meinen Plan offenbare ich
ihr jetzt; willigt sie ein,
bin ich überglücklich.
Sie kommt. Ach, das Herz sprengt mir die Brust.

Dritte Szene

Bartolo führt Rosine herein. Der Graf.

BARTOLO. Kommt, Signorina. Don Alonso,
den Ihr hier seht, wird Euch jetzt unterrichten.

ROSINE *(erblickt den Grafen).*
Ah! ...

BARTOLO. Was gibt's?

ROSINE. Ein Krampf im Fuß.

GRAF. Das ist nichts:

Sedete a me vicin, bella fanciulla.
Se non vi spiace, un poco di lezione,
Di Don Basilio invece, vi darò.
ROSINA. Oh, con mio gran piacer la prenderò.
CONTE. Che volete cantare?
ROSINA. Io canto, se le aggrada,
Il rondò dell'»Inutil precauzione«.
BARTOLO. E sempre, sempre in bocca
L'»Inutil precauzione«!
ROSINA. Io ve l'ho detto:
È il titolo dell'opera novella.
BARTOLO. Or bene, intesi; andiamo.
ROSINA. Eccolo qua.
CONTE. Da brava, incominciamo.
(Il Conte siede al pianoforte e Rosina canta accompagnata dal Conte; Bartolo siede ed ascolta.)

No. 12 Aria

ROSINA. Contro un cor che accende amore
Di verace, invitto ardore,
S'arma invan poter tiranno
Di rigor, di crudeltà.
D'ogni assalto vincitore
Sempre amor trïonferà.
(Bartolo s'addormenta.)
Ah Lindoro, mio tesoro,
Se sapessi, se vedessi!
Questo cane di tutore,
Ah, che rabbia che mi fa!
Caro, a te mi raccomando,
Tu mi salva, per pietà.
CONTE. Non temer, ti rassicura;
Sorte amica a noi sarà.
ROSINA. Dunque spero?
CONTE. A me t'affida.
ROSINA. E il mio cor?

nehmt Platz an meiner Seite, schönes Kind.
Wenn Ihr nichts dagegen habt, geb ich Euch
an Stelle Don Basilios ein wenig Unterricht.
ROSINE. Oh, es wird mir eine große Freude sein.
GRAF. Was wollt Ihr singen?
ROSINE. Ich sing, wenn's Euch gefällig ist,
das Rondo aus der »Vergeblichen Vorsicht«.
BARTOLO. Und schon wieder ist die Rede von
der »Vergeblichen Vorsicht«!
ROSINE. Ich hab's Euch ja gesagt:
es ist der Titel der neuen Oper.
BARTOLO. Schon gut, ich weiß; fangen wir an.
ROSINE. Hier ist sie.
GRAF. Bravo, fangen wir an.
(Der Graf setzt sich ans Klavier und begleitet Rosines Gesang; Bartolo nimmt Platz und hört zu.)

Nr. 12 Arie

ROSINE. Gegen ein Herz, das vor Liebe brennt,
mit wahrer, unlöschbarer Glut,
bewaffnet sich Tyrannenmacht vergeblich
mit Starrsinn und mit Grausamkeit.
Siegreich gegen jeden Angriff
wird die Liebe triumphieren.
(Bartolo schläft ein.)
Ach, Lindoro, mein Geliebter,
wenn du wüßtest, wenn du sähest!
Dieser Hund von Vormund,
ach, er macht mich rasend!
Lieber, dir empfehl ich mich,
rette du mich, bitte.
GRAF. Fürchte nichts, sei gefaßt;
freundlich lächelt uns das Schicksal.
ROSINE. Ich darf also hoffen?
GRAF. Hab Vertrauen.
ROSINE. Und mein Herz?

CONTE. Giubilerà.
(Bartolo si va risvegliando.)
ROSINA. Cara immagine ridente,
Dolce idea d'un lieto amore,
Tu m'accendi in petto il core,
Tu mi porti a delirar.

Recitativo

CONTE. Bella voce! Bravissima!
ROSINA. Oh! mille grazie!
BARTOLO. Certo, bella voce,
Ma quest'aria, cospetto! è assai noiosa;
La musica a' miei tempi era altra cosa.
Ah! quando, per esempio,
Cantava Caffariello
Quell'aria portentosa la, ra, la . . .
Sentite, Don Alonso: eccola qua.

No. 13 Arietta

Quando mi sei vicina,
Amabile Rosina . . .
L'aria dicea Giannina,
Ma io dico Rosina . . .
(Entra Figaro col bacile sotto il braccio, e si pone dietro Bartolo imitando il canto con caricatura.)
Il cor mi brilla in petto,
Mi balla il minuetto . . .

GRAF. Wird jubeln.
(Bartolo wacht wieder auf.)
ROSINE. Hold lächelndes Traumbild,
süße Idee einer glücklichen Liebe,
du entzündest mir das Herz im Busen,
du machst mich taumeln.

Rezitativ

GRAF. Eine schöne Stimme! Bravissimo!
ROSINE. Oh! Tausend Dank!
BARTOLO. Sicher, eine schöne Stimme,
aber dieses Lied, zum Teufel, ist sehr mäßig;
die Musik zu meiner Zeit war da anders.
Ach! Wenn beispielshalber,
Caffariello diese berühmte Arie
sang: la, ra, la ...
Hört, Don Alonso: hier ist sie.

Nr. 13 Ariette

Wenn du mir nah bist,
liebliche Rosine ...
in der Arie heißt's Giannina,
aber ich sage Rosine ...
(Figaro kommt mit dem Rasierzeug unterm Arm, stellt sich hinter Bartolo und karikiert den Gesang.)
hüpft mir das Herz im Busen,
tanzt es ein Menuett ...

Scena quarta

Figaro e detti.

Recitativo

BARTOLO *(avvedendosi di Figaro).*
Bravo, signor barbiere,
Ma bravo!
FIGARO. Eh, niente affatto:
Scusi, son debolezze.
BARTOLO. Ebben, qui dunque
Che vieni a fare?
FIGARO. Oh bella!
Vengo a farvi la barba: oggi vi tocca.
BARTOLO. Oggi non voglio.
FIGARO. Oggi non vuol? . . . Domani
Non potrò io.
BARTOLO. Perché?
FIGARO *(lascia sul tavolino il bacile, e cava un libro di memoria).* Perché ho da fare
A tutti gli Ufficiali
Del nuovo reggimento barba e testa . . .
Alla marchesa Andronica
Il biondo parrucchin coi maroné . . .
Al contino Bombé
Il ciuffo a campanile . . .
Purgante all'avvocato Bernardone
Che ieri s'ammalò d'indigestione . . .
E poi . . . e poi . . . che serve?
(Riponendosi in tasca il libro.)
Doman non posso.
BARTOLO. Orsù, meno parole.
Oggi non vo' far barba.
FIGARO. No? Cospetto!
Guardate che avventori!
Vengo stamane: in casa v'è l'inferno . . .

Vierte Szene

Figaro und die Vorigen.

Rezitativ

BARTOLO *(bemerkt Figaro).*
Bravo, Herr Barbier,
ah, bravo!
FIGARO. Ach, das war wirklich gar nichts:
entschuldigt, eine kleine Schwäche.
BARTOLO. Schon gut, weshalb
kamst du denn her?
FIGARO. Vortrefflich!
Ich komme Euch rasieren: heute seid Ihr dran.
BARTOLO. Heute will ich nicht.
FIGARO. Heute wollt Ihr nicht? ... Morgen
kann ich nicht.
BARTOLO. Warum?
FIGARO *(läßt das Rasierzeug auf dem Tischchen und holt ein Notizbuch hervor).* Weil ich allen Offizieren
des neuen Regiments
Bart und Kopf frisieren muß ...
der Marchesa Andronica
die blonde Perücke mit Ringellocken ...
dem jungen Grafen Bombé
eine Turmfrisur ...
ein Abführmittel für den Advokaten Bernardone,
der sich gestern den Magen verdorben hat ...
und dann ... und dann ... was soll's?
(Steckt den Terminkalender wieder in die Tasche.)
Morgen kann ich nicht.
BARTOLO. Schon gut, wozu die Worte.
Heute werd ich nicht rasiert.
FIGARO. Nein? Zum Teufel!
Seht diese Kunden!
Komm ich frühmorgens: ist im Haus die Hölle los ...

Ritorno dopo pranzo: »oggi non voglio ...«
(Contraffacendolo.)
Ma che? M'avete preso
Per un qualche barbier da contadini?
Chiamate pur un altro, io me ne vado.
(Riprende il bacile in atto di partire.)

BARTOLO *(a parte).*
Che serve? ... a modo suo;
Vedi che fantasia!
(Forte.) Va in camera a pigliar la biancheria.
(Si cava dalla cintola un mazzo di chiavi per darle a Figaro, indi le ritira.)
No, vado io stesso.
(Entra.)

FIGARO *(a parte).* Ah, se mi dava in mano
Il mazzo delle chiavi, ero a cavallo.
(A Rosina.) Dite: non è fra quelle
La chiave che apre quella gelosia?

ROSINA. Sì, certo; è la più nuova.

BARTOLO *(rientrando; a parte).* Ah, son pur buono
A lasciar qua quel diavolo di barbiere!
(Forte.) Animo, va tu stesso.
(Dando le chiavi a Figaro.)
Passato il corridor, sopra l'armadio
Il tutto troverai.
Bada, non toccar nulla ...

FIGARO. Eh, non son matto.
(A parte.) Allegri!
(Forte.) Vado e torno.
(A parte.) Il colpo è fatto.
(Entra.)

BARTOLO *(al Conte).* È quel briccon, che al Conte
Ha portato il biglietto di Rosina.

CONTE. Mi sembra un imbroglion di prima sfera.

komm ich nach dem Essen wieder: »Heute will ich nicht...«
(ahmt ihn nach.)
Ja, haltet Ihr mich denn
für irgendeinen Dorfbarbier?
Ruft doch einen anderen, ich gehe.
(Er nimmt das Rasierzeug, um zu gehen.)

BARTOLO *(beiseite).*
Was hilft's ... Wie's ihm beliebt;
was für eine Grille!
(Laut.) Geh ins Zimmer, die Wäsche holen.
(Nimmt den Schlüsselbund vom Gürtel, um ihn Figaro zu reichen, zieht ihn dann zurück.)
Nein, ich gehe selber.
(Geht hinein.)

FIGARO *(beiseite).* Ach, wenn er mir nur
den Schlüsselbund aushändigte, wär' ich besser dran.
(Zu Rosine.) Sagt: ist unter den Schlüsseln nicht auch
der für diese Jalousie?

ROSINE. Ja, gewiß; es ist der neueste.

BARTOLO *(kommt zurück; beiseite).*
Ach, ich bin doch töricht,
diesen Satansbarbier hier zu lassen!
(Laut.) Los, geh du selber.
(Gibt die Schlüssel Figaro.)
Am Ende des Korridors auf dem Schrank
findest du alles.
Paß auf, stoße nichts um ...

FIGARO. Eh, ich bin nicht blöd.
(Beiseite.) Freut Euch!
(Laut.) Ich geh und komm wieder.
(Beiseite.) Der Streich ist gelungen.
(Geht hinein.)

BARTOLO *(zum Grafen).*
Das ist der Bursche, der dem Grafen
Rosines Billett überbrachte.

GRAF. Er scheint mir ein Ränkeschmied übelster Art.

BARTOLO. Eh, a me non me la ficca . . .
(Si sente di dentro un gran rumore come di vasellame che si spezza.)
Ah, disgraziato me!
ROSINA. Ah, che rumore!
BARTOLO. Oh, che briccon! Me lo diceva il core.
(Entra.)
CONTE *(a Rosina).*
Quel Figaro è un grand'uomo; or che siam soli,
Ditemi, o cara: il vostro al mio destino
D'unir siete contenta?
Franchezza! . . .
ROSINA *(con entusiasmo).* Ah, mio Lindoro,
Altro io non bramo . . .
(Si ricompone vedendo rientrar Bartolo e Figaro.)
CONTE. Ebben?
BARTOLO. Tutto mi ha rotto;
Sei piatti, otto bicchieri, una terrina.
FIGARO *(mostrando di soppiatto al Conte la chiave della gelosia che avrà rubata dal mazzo).*
Vedete che gran cosa! Ad una chiave
Se io non mi attaccava per fortuna,
Per quel maledettissimo
Corridor così oscuro,
Spezzato mi sarei la testa al muro.
Tiene ogni stanza al buio, e poi . . . e poi . . .
BARTOLO. Oh, non più.
FIGARO. Dunque andiam.
(A parte al Conte e Rosina.) Giudizio.
BARTOLO. A noi.
(Si dispone per sedere e farsi radere. In quella entra Basilio.)

BARTOLO. Na, mir macht's nichts ...
(Man hört drinnen ein lautes Geräusch von zerschlagenem Geschirr.)
Ach, ich Unseliger!
ROSINE. Ach, welch ein Gepolter!
BARTOLO. Oh, dieser Trampel! Ich ahnte es.
(Geht hinein.)
GRAF *(zu Rosine).*
Dieser Figaro ist ein Genie; jetzt, da wir allein sind,
sagt mir, Geliebte: wollt Ihr Euer Schicksal
mit dem meinen verbinden?
Sprecht offen ...
ROSINE *(begeistert).* Ach, mein Lindoro,
mehr will ich nicht ...
(Sie tritt zurück, sobald sie Bartolo und Figaro eintreten sieht.)
GRAF. Nun?
BARTOLO. Alles hat er mir zerschlagen;
sechs Teller, acht Gläser, eine Terrine.
FIGARO *(zeigt dem Grafen heimlich den Schlüssel der Jalousie, den er dem Schlüsselbund entnommen hat).*
Seht die Bescherung! Hätt' ich nicht
zum Glück mich an einem Schlüssel festgehalten,
in diesem verfluchten,
derart finstren Korridor,
ich hätte mir den Kopf an der Wand eingeschlagen.
Jedes Zimmer hält er verdunkelt, und dann ... dann ...
BARTOLO. Oh, es reicht.
FIGARO. Also los.
(Beiseite zum Grafen und zu Rosine.)
Vorsicht.
BARTOLO. Zu uns.
(Er will sich zum Rasieren setzen. In dem Moment tritt Basilio ein.)

Scena quinta

Don Basilio e detti.

No. 14. Quintetto

ROSINA. Don Basilio!
CONTE *(a parte).* Cosa veggo!
FIGARO *(a parte).* Quale intoppo!
BARTOLO. Come qua?
BASILIO. Servitor di tutti quanti.
BARTOLO *(a parte).* Che vuol dir tal novità?
CONTE *e* FIGARO *(a parte).*
Qui franchezza ci vorrà.
ROSINA *(a parte).* Ah, di noi che mai sarà?
BARTOLO. Don Basilio, come state?
BASILIO *(stupito).* Come sto?
FIGARO *(interrompendo).* Or che s'aspetta?
Questa barba benedetta
La facciamo sì o no?
BARTOLO *(a Figaro).* Ora vengo!
(A Basilio.) E ... il Curiale?
BASILIO *(stupito).* Il Curiale? ...
CONTE *(interrompendo, a Basilio).* Io gli ho narrato
Che già tutto è combinato.
Non è ver? ...
BARTOLO. Sì, tutto io so.
BASILIO. Ma, Don Bartolo, spiegatevi ...
CONTE *(c. s., a Bartolo).* Ehi, Dottore, una parola.
(A Basilio.) Don Basilio, son da voi.
(A Bartolo.) Ascoltate un poco qua.
(Piano.) Fate un po' ch'ei vada via,
Ch'ei ci scopra ho gran timore:
Della lettera, signore,
Ei l'affare ancor non sa.
BARTOLO *(piano).* Dite bene, mio signore;
Or lo mando via di qua.

Fünfte Szene

Don Basilio und die Vorigen.

Nr. 14 Quintett

ROSINE. Don Basilio!
GRAF *(beiseite).* Was seh ich!
FIGARO *(beiseite).* Wie ungelegen!
BARTOLO. Wie, Ihr hier?
BASILIO. Euch allen zu Diensten.
BARTOLO *(beiseite).* Was bedeutet diese Neuigkeit?
GRAF *und* FIGARO *(beiseite).*
Jetzt heißt's sich unbefangen geben.
ROSINE *(beiseite).* Ach, was wird aus uns?
BARTOLO. Don Basilio, wie ist Euer Befinden?
BASILIO *(überrascht).* Mein Befinden?
FIGARO *(unterbricht ihn).* Soll ich jetzt warten?
Diesen verwünschten Bart,
rasieren wir ihn oder nicht?
BARTOLO *(zu Figaro).* Nun, ich komme!
(Zu Basilio.) Und ... der Gehilfe?
BASILIO *(überrascht).* Der Gehilfe? ...
GRAF *(unterbricht ihn, zu Basilio).* Ich hab ihm gesagt,
daß schon alles eingeleitet ist.
Ist's nicht wahr? ...
BARTOLO. Ja doch, ich weiß alles.
BASILIO. Aber, Don Bartolo, erklärt Euch ...
GRAF *(wie oben, zu Bartolo).* He, Doktor, auf ein Wort.
(Zu Basilio.) Don Basilio, ich bin schon bei Euch.
(Zu Bartolo.) Hört mich einmal an.
(Leise.) Schickt ihn doch bloß weg,
ich befürchte, daß er uns verrät;
von der Sache mit dem Brief, mein Herr,
hat er ja noch keine Ahnung.
BARTOLO *(leise).* Recht habt Ihr, mein Herr;
ich schick ihn gleich fort.

ROSINA *(a parte).* Io mi sento il cor tremar!
FIGARO *(piano).* Non vi state a disperar.
BASILIO *(a parte).* Ah, qui certo v'è un pasticcio;
Non l'arrivo a indovinar.
CONTE *(a Basilio).* Colla febbre, Don Basilio,
Che v'insegna a passeggiar? ...
(Figaro ascoltando con attenzione si prepara a secondare il Conte.)
BASILIO *(stupito).* Colla febbre?
CONTE. E che vi pare?
Siete giallo come un morto.
BASILIO. Come un morto?
FIGARO *(tastando il polso a Basilio).* Bagattella!
Cospetton! Che tremarella!
Questa è febbre scarlattina! ...
CONTE *(dà a Basilio una borsa di soppiatto).*
Via, prendete medicina,
Non vi state a rovinar.
FIGARO. Presto, presto, andate a letto ...
CONTE. Voi paura inver mi fate ...
ROSINA. Dice bene, andate, andate ...
TUTTI. Presto, andate a riposar.
BASILIO *(stupito, a parte).*
Una borsa! ... Andate a letto! ...
Ma che tutti sian d'accordo!
TUTTI. Presto a letto.
BASILIO. Eh, non son sordo.
Non mi faccio più pregar.
FIGARO. Che color! ...
CONTE. Che brutta cera! ...
BASILIO. Brutta cera! ...
CONTE, FIGARO *e* BARTOLO. Oh, brutta assai! ...
BASILIO. Dunque vado ...
TUTTI. Vada, vada!
Buona sera, mio signore,
Presto, andate via di qua.

ROSINE *(beiseite).* Ich fühle mein Herz pochen!
FIGARO *(leise).* Seid nicht verzweifelt.
BASILIO *(beiseite).* Ja, hier gibt's wohl einen Knoten;
den ich nicht entwirren kann.
GRAF *(zu Basilio).* Mit dem Fieber, Don Basilio,
wer erlaubt Euch, auszugehn? ...
(Figaro, der aufmerksam zugehört hat, will den Grafen unterstützen.)
BASILIO *(erstaunt).* Mit dem Fieber?
GRAF. Was glaubt Ihr denn?
Gelb seid Ihr wie eine Leiche.
BASILIO. Wie eine Leiche?
FIGARO *(Basilios Puls fühlend).* Bagatelle?
Teufel! Dieser Schüttelfrost!
Das ist Scharlach! ...
GRAF *(steckt Basilio unter der Hand eine Börse zu).*
Geht, nehmt eine Medizin,
ruiniert Euch nicht.
FIGARO. Schnell, schnell, geht ins Bett ...
GRAF. Ihr macht mir wirklich Angst ...
ROSINE. Recht hat er, geht, geht ...
ALLE. Schnell, geht und ruht Euch aus.
BASILIO *(erstaunt, beiseite).*
Eine Börse! ... Geht ins Bett! ...
Daß auch alle einig sind!
ALLE. Schnell ins Bett.
BASILIO. Eh, ich bin nicht taub.
Länger laß ich mich nicht bitten.
FIGARO. Diese Blässe!
GRAF. Wie schlecht Ihr ausseht! ...
BASILIO. Schlecht aussehen! ...
GRAF, FIGARO *und* BARTOLO. Oh, recht schlecht! ...
BASILIO. Also geh ich ...
ALLE. Geht, geht!
Guten Abend, mein Herr,
schnell, geht fort von hier.

(A parte.) Maledetto seccatore!
(Forte.) Pace, sonno e sanità.
BASILIO. Buona sera ... ben di core ...
Poi diman si parlerà.
Non gridate, ho inteso già.
(Parte.)

Scena sesta

Rosina, Conte, Figaro e Bartolo.

FIGARO. Orsù, signor Don Bartolo ...
BARTOLO. Son qua.
(Bartolo siede, Figaro gli cinge al collo un asciugatoio disponendosi a fargli la barba; durante l'operazione Figaro va coprendo i due amanti.)
Stringi, bravissimo.
CONTE. Rosina, deh, ascoltatemi.
ROSINA. Vi ascolto; eccomi qua.
(Siedono fingendo studiar musica.)
CONTE *(a Rosina, con cautela).* A mezzanotte in punto
A prendervi qui siamo:
Or che la chiave abbiamo
Non v'è da dubitar.
FIGARO *(distraendo Bartolo).*
Ahi! ... ahi! ...
BARTOLO. Che cos'è stato? ...
FIGARO. Un non so che nell'occhio!
Guardate ... non toccate ...
Soffiate per pietà.
ROSINA. A mezzanotte in punto,
Anima mia, t'aspetto.
Io già l'istante affretto
Che a te mi stringerà.

(Beiseite.) Plagegeist, verdammter!
(Laut.) Friede, Schlaf, Gesundheit.
BASILIO. Guten Abend ... recht von Herzen ...
morgen sprechen wir uns wieder.
Schreit nicht, ich hab schon verstanden.
(Ab.)

Sechste Szene

Rosine, Graf, Figaro und Bartolo.

FIGARO. Beliebt's, verehrtester Don Bartolo ...
BARTOLO. Ich bin da.
(Bartolo setzt sich, Figaro bindet ihm ein Handtuch um den Hals und bereitet sich vor, ihn zu rasieren; während der Rasur sucht er die Liebenden zu verdecken.)
Eil dich, bravissimo.
GRAF. Rosine, ach, hört mich.
ROSINE. Ich hör Euch; hier bin ich.
(Sie setzen sich und beginnen scheinbar den Musikunterricht.)
GRAF *(zu Rosine, vorsichtig).* Punkt Mitternacht
werden wir hier sein, Euch zu retten:
da wir nun den Schlüssel haben,
ist nicht mehr zu zweifeln.
FIGARO *(Bartolo ablenkend).*
Au! ... Au! ...
BARTOLO. Was ist geschehen? ...
FIGARO. Irgendwas im Auge!
Seht ... berührt es nicht ...
haucht es an, ich bitt Euch.
ROSINE. Punkt Mitternacht,
Geliebter, erwarte ich dich.
Ich sehne schon den Augenblick herbei,
da ich mich an dich schmiege.

CONTE. Ora avvertir vi voglio,
(Bartolo si alza e si avvicina agli amanti.)
Cara, che il vostro foglio,
Perché non fosse inutile
Il mio travestimento . . .

BARTOLO *(scattando).* Il suo travestimento?
Ah, ah! brava, bravissimo!
Ma bravi in verità!

Bricconi, birbanti!
Ah, voi tutti quanti
Avete giurato
Di farmi crepar!

Su, fuori, furfanti,
Vi voglio accoppar.
Di rabbia, di sdegno
Mi sento crepar.

ROSINA, CONTE *e* FIGARO. L'amico delira,
La testa gli gira.
Ma zitto, Dottore,
Vi fate burlar.

Tacete, tacete,
Non serve gridar.
(A parte.) Intesi già siamo,
Non vo' replicar.
(Partono, meno Bartolo.)

Scena settima

Bartolo solo, poi Ambrogio, indi Berta.

Recitativo

BARTOLO. Ah! disgraziato me! ma come! ed io
Non mi accorsi di nulla! Ah! Don Basilio
Sa certo qualche cosa. Ehi! chi è di là?

GRAF. Ich will Euch noch gestehen,
(Bartolo erhebt sich und nähert sich den Liebenden.)
Geliebte, daß ich Euren Brief,
damit die Maskerade
nicht vergeblich sei …

BARTOLO *(auffahrend).* Eure Maskerade?
Ha, ha! Bravo, bravissimo!
Aber wirklich bravo!

Scharlatane, Gauner!
Ach, ihr alle miteinander
habt euch verschworen,
mich zu ruinieren!

Fort, hinaus, Gelichter,
erschlagen will ich euch.
Vor Wut, vor Zorn,
fühle ich mich platzen.

ROSINE, GRAF *und* FIGARO. Der Freund ist im Delirium,
der Kopf dreht sich ihm.
Nur ruhig, Doktor,
Ihr macht Euch lächerlich.

Schweigt, schweigt,
schreien hilft nicht.
(Beiseite.) Wir sind schon einverstanden,
nichts mehr davon.
(Alle ab, außer Bartolo.)

Siebte Szene

Bartolo allein, dann Ambrosio, schließlich Marzelline.

Rezitativ

BARTOLO. Ach! ich Unseliger! Doch wie? Und ich
merkte gar nichts! Ach, Don Basilio
weiß sicher etwas. He? Wer ist da?

Chi è di là?
(Comparisce Ambrogio.) Senti, Ambrogio:
Corri da Don Basilio qui rimpetto,
Digli ch'io qua l'aspetto,
Che venga immantinente
Che ho gran cose da dirgli e ch'io non vado
Perché ... perché ... perché ho di gran ragioni.
Va sùbito.
(Ambrogio parte ed entra Berta.)
(A Berta.) Di guardia
Tu piantati alla porta, e poi ... no, no ...
Non me ne fido. Io stesso ci starò.
(Parte.)

Scena ottava

Berta, sola.

BERTA. Che vecchio sospettoso! Vada pure
E ci stia finché crepi ...
Sempre gridi e tumulti in questa casa;
Si litiga, si piange, si minaccia ...
Non v'è un'ora di pace
Con questo vecchio avaro, brontolone!
Oh, che casa! Oh, che casa in confusione!

No. 15 Aria

Il vecchiotto cerca moglie,
Vuol marito la ragazza;
Quello freme, questa è pazza.
Tutti e due son da legar.

Ma che cosa è questo amore
Che fa tutti delirar?
Egli è un male universale,
Una smania, un pizzicore ...

Wer ist da?
(Es erscheint Ambrosio.) Hör, Ambrosio:
lauf zu Don Basilio hinüber,
sag ihm, ich erwart ihn hier;
er komme augenblicklich,
ich hätt ihm Wichtiges zu sagen und käm nicht selber,
weil ... weil ... weil ich gute Gründe habe.
Geh gleich.
(Ambrosio geht ab, Marzelline tritt ein.)
(Zu Marzelline.) Als Wache
stell dich an die Tür und dann ... nein, nein ...
ich trau dir nicht. Ich stell mich selber hin.
(Ab.)

Achte Szene

Marzelline allein.

MARZELLINE. Dieser argwöhnische Alte! Geh er doch
und stell er sich hin, bis er umfällt ...
Immer Schreien und Tumult in diesem Haus;
man zankt, man weint, man droht ...
Nicht eine ruhige Stunde gibt's
mit diesem alten Geizhals, diesem Brummbär!
Oh, dieses Haus! Oh, dieses Narrenhaus!

Nr. 15 Arie

Sich vermählen will der Greis,
einen Mann wünscht sich das Mädchen;
jener tobt, diese spinnt.
Alle beide sind verrückt.

Doch was ist diese Liebe,
die alle verrückt macht?
Sie ist ein universales Übel,
eine Sucht, ein Kribbeln ...

Un solletico, un tormento . . .
Poverina, anch'io lo sento,
Né so come finirà.

Oh! vecchiaia maledetta . . .
Sei da tutti disprezzata . . .
E vecchietta disperata
Mi convien così crepar.
(Parte.)

Scena nona

Camera con griglia come nel primo atto.

Bartolo e Don Basilio.

Recitativo

BARTOLO *(introducendo Don Basilio).*
Dunque voi Don Alonso
Non conoscete affatto?
BASILIO. Affatto.
BARTOLO. Ah, certo
Il Conte lo mandò.
Qualche gran tradimento
Qui si prepara.
BASILIO. Io poi
Dico che quell'amico
Era il Conte in persona.
BARTOLO. Il Conte? . . .
BASILIO. Il Conte.
(A parte.) La borsa parla chiaro.
BARTOLO. Sia chi si vuole . . . amico, dal notaro
Vo' in questo punto andare; in questa sera
Stipular di mie nozze io vo' il contratto.
BASILIO. Il notar? . . . siete matto?
Piove a torrenti, e poi
Questa sera il notaro

ein Kitzel, eine Plage ...
Ich Arme, auch ich fühle sie
und weiß nicht, wie das enden soll.

Oh! Unselige Alte ...
Bist von allen verachtet ...
Und als verzweifelte Alte
soll ich so krepieren.
(Ab.)

Neunte Szene

Vergittertes Zimmer wie im ersten Akt.

Bartolo und Don Basilio.

Rezitativ

BARTOLO *(führt Don Basilio herein).*
Also Ihr kennt
Don Alonso gar nicht?
BASILIO. Gar nicht.
BARTOLO. Ah, gewiß
hat ihn der Graf geschickt.
Irgendeine Intrige
ist hier im Gange.
BASILIO. Und ich
meine, daß dieser Freund
der Graf persönlich war.
BARTOLO. Der Graf? ...
BASILIO. Der Graf.
(Beiseite.) Die Börse sagt's mir deutlich.
BARTOLO. Wer auch immer es sei ... Freund, zum Notar
geh ich auf der Stelle; noch heute abend
will ich meinen Ehekontrakt aufsetzen.
BASILIO. Zum Notar? ... Seid Ihr verrückt?
Es gießt in Strömen, und dann
ist der Notar heute abend

È impegnato con Figaro; il barbiere
Marita sua nipote.
BARTOLO. Una nipote?
Che nipote! ... Il barbiere
Non ha nipoti. Ah, qui v'è qualche imbroglio.
Questa notte i bricconi
Me la voglion far; presto, il notaro
Qua venga sull'istante.
(Gli dà una chiave.)
Ecco la chiave del portone: andate,
Presto, per carità.
BASILIO. Non temete; in due salti io torno qua.
(Parte.)

Scena decima

Bartolo, indi Rosina.

BARTOLO. Per forza o per amore
Rosina avrà da cedere. Cospetto!
Mi viene un'altra idea. Questo biglietto
(Cava dalla tasca il biglietto datogli dal Conte.)
Che scrisse la ragazza ad Almaviva
Potria servir ... che colpo da maestro!
Don Alonso, il briccone,
Senza volerlo mi die' l'armi in mano.
Ehi, Rosina, Rosina, avanti, avanti;
(Rosina dalle sue camere entra senza parlare.)
Del vostro amante io vi vo' dar novella.
Povera sciagurata! In verità
Collocaste assai bene il vostro affetto!
Del vostro amor sappiate
Ch'ei si fa gioco in sen d'un'altra amante.
Ecco la prova.
(Le dà il biglietto.)

mit Figaro beschäftigt; der Barbier
verheiratet seine Nichte.

BARTOLO. Eine Nichte?
Welche Nichte! ... Der Barbier
hat keine Nichten. Ach, eine Intrige liegt in der Luft.
Diese Nacht wollen die Gauner
es mir zeigen; schnell, der Notar
soll schleunigst kommen.
(Gibt ihm einen Schlüssel.)
Hier der Schlüssel zu dem Haustor: geht,
schnell, bitte.

BASILIO. Keine Sorge; in zwei Sprüngen bin ich zurück.
(Geht ab.)

Zehnte Szene

Bartolo, hierauf Rosine.

BARTOLO. Mit Gewalt oder Liebe
bringe ich Rosine zum Nachgeben. Teufel!
Mir kommt eine andere Idee. Das Billett,
(zieht aus der Tasche das Billett, das ihm der Graf gegeben hat.)
welches das Mädchen dem Graf geschrieben,
könnte helfen ... welch ein Meisterstreich!
Don Alonso, der Gauner,
hat mir ungewollt die Waffen in die Hand gegeben.
He, Rosine, herein, herein;
(Rosine kommt wortlos aus ihren Zimmern.)
von Euerm Liebsten hab ich eine Nachricht für Euch.
Armes Kind! Wirklich
ausgezeichnet habt Ihr Eure Liebe verschenkt!
Wißt, daß Euer Schatz
Euch am Busen einer anderen Geliebten verspottet.
Hier ist der Beweis.
(Gibt ihr das Billett.)

ROSINA *(con doloroso stupore, a parte).*
Oh cielo! il mio biglietto!
BARTOLO. Don Alonso e il barbiere
Congiuran contro voi; non vi fidate.
Nelle braccia del Conte d'Almaviva
Vi vogliono condurre.
ROSINA *(a parte).* In braccio a un altro!
Che mai sento ... ah, Lindoro! ... ah, traditore!
Ah sì! ... vendetta e vegga,
Vegga quell'empio chi è Rosina.
(Forte.) Dite ...
Signore, di sposarmi
Voi bramavate ...
BARTOLO. E il voglio.
ROSINA. Ebben, si faccia!
Io ... son contenta! ... ma all'istante. Udite:
A mezzanotte qui sarà l'indegno
Con Figaro il barbier; con lui fuggire
Per sposarlo io voleva ...
BARTOLO. Ah, scellerati!
Corro a sbarrar la porta.
ROSINA. Ah, mio signore!
Entran per la finestra. Hanno la chiave.
BARTOLO. Non mi muovo di qui.
Ma ... e se fossero armati? ... Figlia mia,
Poiché tu sei sì bene illuminata,
Facciam così. Chiuditi a chiave in camera,
Io vo a chiamar la forza;
Dirò che son due ladri, e come tali,
Corpo di Bacco! l'avrem da vedere!
Figlia, chiuditi presto; io vado via.
(Parte.)
ROSINA. Quanto, quanto è crudel la sorte mia!
(Parte.)

ROSINE *(schmerzhaft betroffen, beiseite).*
O Gott! Mein Billett!
BARTOLO. Don Alonso und der Barbier
sind gegen Euch verschworen; traut ihnen nicht.
In die Arme des Grafen Almaviva
wollen sie Euch führen.
ROSINE *(beiseite).* In die Arme eines anderen!
Was höre ich ... ach, Lindoro! ... Ach, Betrüger!
O ja! ... Rache, und er soll sehen,
er soll sehen, der Gottlose, wer Rosine ist.
(Laut.) Sagt ...
mein Herr ... Ihr wünschtet,
mich zu heiraten ...
BARTOLO. Ich will es noch.
ROSINE. Nun gut, es sei!
Ich ... bin es zufrieden! ... aber augenblicklich. Hört:
um Mitternacht kommt der Unwürdige hierher
mit Figaro, dem Barbier; ich wollte
mit ihm fliehen, um ihn zu heiraten.
BARTOLO. Ha, ihr Schurken!
Ich geh die Tür versperren.
ROSINE. Ach, mein Herr!
Sie klettern durch das Fenster. Sie haben den Schlüssel.
BARTOLO. Ich bewege mich nicht weg von hier.
Doch ... wenn sie bewaffnet wären? ... Meine Tochter,
da du so gut unterrichtet bist,
machen wir es so: Schließ dich im Zimmer ein,
ich geh die Wache alarmieren;
ich sag, es sind zwei Diebe, und als solche,
zum Teufel!, müssen wir sie ansehen!
Mädchen, schließ dich schnell ein; ich geh.
(Ab.)
ROSINE. Wie grausam, ach, wie grausam ist mein Schicksal!
(Ab.)

No. 16 Temporale

(Scoppia un temporale. Dalla finestra di prospetto si vedono frequenti lampi, e si sente il rumore del tuono. Sulla fine del temporale si vede dal di fuori aprirsi la gelosia, ed entrano uno dopo l'altro Figaro ed il Conte avvolti in mantelli e bagnati dalla pioggia. Figaro avrà in mano una lanterna accesa.)

Scena undicesima

Il Conte e Figaro, indi Rosina.

Recitativo

FIGARO. Alfin, eccoci qua.
CONTE. Figaro, dammi man. Poter del mondo!
Che tempo indiavolato!
FIGARO. Tempo da innamorati.
CONTE. Ehi, fammi lume.
(Figaro accende i lumi.)
Dove sarà Rosina?
FIGARO *(spiando).* Ora vedremo ...
Eccola appunto.
CONTE *(con trasporto).* Ah, mio tesoro!
ROSINA *(respingendolo).* Indietro,
Anima scellerata; io qui di mia
Stolta credulità venni soltanto
A riparar lo scorno, a dimostrarti
Qual sono, e quale amante
Perdesti, anima indegna e sconoscente.
CONTE *(sorpreso).* Io son di sasso.
FIGARO *(sorpreso).* Io non capisco niente.
CONTE. Ma per pietà ...
ROSINA. Taci. Fingesti amore
Per vendermi alle voglie
Di quel tuo vil Conte Almaviva ...

Nr. 16 Gewittermusik

(Ein Gewitter bricht los. Durch das Fenster sind zahlreiche Blitze zu sehen, man hört den Donner. Gegen Ende des Gewitters sieht man, wie die Jalousie von außen geöffnet wird, und hintereinander steigen Figaro und der Graf ein, in Mäntel gehüllt und durchnäßt. Figaro hält eine brennende Laterne in der Hand.)

Elfte Szene

Der Graf und Figaro, dann Rosine.

Rezitativ

FIGARO. Endlich, wir sind am Ziel.
GRAF. Figaro, reich mir die Hand. Unglaublich!
Welch ein Hundewetter!
FIGARO. Ein Wetter für Verliebte.
GRAF. He, mach Licht.
(Figaro zündet die Leuchter an.)
Wo mag Rosine sein?
FIGARO *(sieht sich um).* Wir werden gleich sehen ...
Da ist sie.
GRAF *(überschwenglich).* Ach, Geliebte!
ROSINE *(stößt ihn zurück).* Zurück,
Betrüger; ich kam nur her,
die Schmach meiner naiven Leichtgläubigkeit
zu rächen und dir zu zeigen,
wer ich bin, und welche Geliebte
du verloren hast,
du unwürdige, undankbare Seele.
GRAF *(erstaunt).* Ich bin versteinert.
FIGARO *(erstaunt).* Ich verstehe nichts.
GRAF. Aber ich bitte Euch ...
ROSINE. Schweig. Du heucheltest Liebe,
um mich den Gelüsten
deines gemeinen Grafen Almaviva zu verkaufen ...

CONTE *(con gioia).* Al Conte?
Ah, sei delusa! ... oh, me felice ... adunque
Tu di verace amore
Ami Lindor ... rispondi ...
ROSINA. Ah, sì! t'amai purtroppo!
CONTE. Ah, non è tempo
Di più celarsi, anima mia; ravvisa
(S'inginocchia gettando il mantello che viene raccolto da Figaro.)
Colui che sì gran tempo
Seguì tue tracce, che per te sospira,
Che sua ti vuole; mira, o mio tesoro,
Almaviva son io, non son Lindoro.

No. 17 Terzetto

ROSINA *(stupefatta, con gioia).*
Ah! qual colpo inaspettato!
Egli stesso? o Ciel, che sento!
Di sorpresa e di contento
Son vicina a delirar.
FIGARO. Son rimasti senza fiato:
Ora muoion di contento.
Guarda, guarda il mio talento
Che bel colpo seppe far!
CONTE. Qual trionfo inaspettato!
Me felice! oh bel momento!
Ah! d'amore e di contento
Son vicino a delirar.
ROSINA. Mio signor! ... ma voi ... ma io ...
CONTE. Ah, non più, non più, ben mio.
Il bel nome di mia sposa,
Idol mio, t'attende già.
ROSINA. Il bel nome di tua sposa,
Oh, qual gioia al cor mi dà!
CONTE. Sei contenta?
ROSINA. Ah! mio signore!

GRAF *(freudig).* Des Grafen?
Ach, du irrst! . . . Oh, ich Glücklicher . . . also
liebst du wirklich
Lindoro . . . sag . . .
ROSINE. Ach, ja! Ich liebte dich leider!
GRAF. Ach, es ist nicht die Stunde,
sich weiter zu verbergen, meine Geliebte; erkenne
(Er kniet nieder und wirft den Mantel ab, den Figaro aufhebt.)
den, der so lange Zeit
deinen Spuren folgte, der nach dir seufzt,
der dich zur Frau will; sieh, o mein Schatz,
Almaviva bin ich, nicht Lindoro.

Nr. 17 Terzett

ROSINE *(freudig überrascht).*
Ach! Welch unerwartete Entdeckung!
Er selbst? O Himmel, was seh ich!
Vor Staunen und vor Freude
schwinden mir fast die Sinne.
FIGARO. Die Luft bleibt ihnen weg,
sie sterben vor Freude.
Seht, seht, welch schönen Coup
mein Talent zustande brachte.
GRAF. Welch unerwarteter Triumph!
Ich Glücklicher! O schöner Augenblick!
Ah! Vor Liebe und vor Freude
schwinden mir fast die Sinne.
ROSINE. Mein Herr! . . . Aber Ihr . . . und ich . . .
GRAF. Ach, nicht so, nicht so, Geliebte.
Der schöne Titel meiner Gattin,
erwartet dich, mein Schatz.
ROSINE. Der schöne Titel deiner Gattin,
oh, welche Freude bringt er in mein Herz.
GRAF. Freust du dich?
ROSINE. Ach! Mein Herr!

ROSINA *e* CONTE. Dolce nodo avventurato
Che fai paghi i miei desiri!
Alla fin de' miei martiri
Tu sentisti, amor, pietà.
FIGARO. Presto andiamo, vi sbrigate;
Via, lasciate quei sospiri.
Se si tarda, i miei raggiri
Fanno fiasco in verità.
(Guardando fuori del balcone.)
Ah! cospetto! che ho veduto!
Alla porta una lanterna . . .
Due persone! . . . che si fa?
CONTE. Hai veduto due persone?
FIGARO. Sì, signore.
ROSINA, CONTE *e* FIGARO. Che si fa?
Zitti, zitti, piano, piano,
Non facciamo confusione;
Per la scala del balcone
Presto andiamo via di qua.

Recitativo

FIGARO *(con angoscia).* Ah, disgraziati noi! come si fa?
CONTE. Che avvenne mai? . . .
FIGARO. La scala . . .
CONTE. Ebben?
FIGARO. La scala non v'è più.
CONTE *(sorpreso).* Che dici?
FIGARO. Chi mai l'avrà levata? . . .
CONTE. Quale inciampo crudel! . . .
ROSINA *(con dolore).* Me sventurata!
FIGARO. Zi . . . zitti . . . sento gente. Ora ci siamo.
Signor mio, che si fa?
CONTE. Mia Rosina, coraggio.
(Si avvolge nel mantello.)
FIGARO. Eccoli qua.
(Si ritirano verso una delle quinte.)

ROSINE *und* GRAF. Süße glückliche Bande,
die ihr mein Verlangen stillt!
Am Ende meiner Leiden
fühltest du, Amor, Mitleid.
FIGARO. Gehn wir schnell, beeilt euch;
fort, laßt das Schmachten.
Wenn ihr zögert, wird aus meiner List
wahrlich ein Fiasko.
(Er sieht auf den Balkon hinaus.)
Ach! Zum Teufel! Was seh ich!
An der Tür eine Laterne ...
zwei Gestalten! ... Was geht hier vor?
GRAF. Sahst du zwei Gestalten?
FIGARO. Ja, mein Herr.
ROSINE, GRAF *und* FIGARO. Was geht hier vor?
Leise, leise, sachte, sachte,
machen wir kein Durcheinander;
über die Leiter am Balkon
stehlen wir uns schnell fort.

Rezitativ

FIGARO *(ängstlich).* Ach, wir Unglücklichen! Was tun?
GRAF. Was ist geschehen? ...
FIGARO. Die Leiter ...
GRAF. Nun?
FIGARO. Die Leiter steht da nicht mehr.
GRAF *(überrascht).* Was sagst du?
FIGARO. Wer hat sie weggezogen? ...
GRAF. Welch grausames Hindernis! ...
ROSINE *(schmerzlich).* Ich Unglückliche!
FIGARO. Leise ... leise ... ich hör Leute. Nun sind wir hier.
Mein Herr, was tun?
GRAF. Meine Rosine, Mut.
(Er hüllt sich in den Mantel.)
FIGARO. Da sind sie.
(Sie ziehen sich auf eine Seite der Bühne zurück.)

Scena dodicesima

Don Basilio con lanterna in mano, introducendo un Notaro con carte.

BASILIO *(chiamando alla quinta opposta).*
Don Bartolo! Don Bartolo! ...
FIGARO *(accennando al Conte).* Don Basilio.
CONTE. E quell'altro?
FIGARO. Ve', ve', il nostro notaro. Allegramente.
Lasciate fare a me. Signor Notaro:
(Basilio e il Notaro si rivolgono e restano sorpresi. Il Notaro si avvicina a Figaro.)
Dovevate in mia casa
Stipular questa sera
Il contratto di nozze
Fra il conte d'Almaviva e mia nipote.
Gli sposi, eccoli qua. Avete indosso
La scrittura?
(Il notaro cava la scrittura.)
Benissimo.
BASILIO. Ma piano.
Don Bartolo ... dov'è? ...
CONTE *(chiamando a parte Basilio, cavandosi un anello dal dito, e additandogli di tacere).* Ehi, Don Basilio,
Quest'anello è per voi.
BASILIO. Ma io ...
CONTE *(cavando una pistola).* Per voi
Vi son ancor due palle nel cervello
Se v'opponete.
BASILIO *(prende l'anello).* Oibò, prendo l'anello.
Chi firma? ...
CONTE *e* ROSINA. Eccoci qua.
(Sottoscrivono.)

Zwölfte Szene

Don Basilio, mit einer Laterne in der Hand, führt einen Notar mit Akten herein.

BASILIO *(ruft zur anderen Bühnenseite).*
Don Bartolo! Don Bartolo! ...
FIGARO *(winkt dem Grafen).*
Don Basilio.
GRAF. Und der andere?
FIGARO. Sieh da, unser Notar. Nur munter.
Laßt mich machen. Herr Notar:
(Basilio und der Notar drehen sich um und bleiben überrascht stehen. Der Notar nähert sich Figaro.)
Ihr solltet in meinem Haus
heute abend
den Ehekontrakt
des Grafen Almaviva und meiner Nichte aufsetzen.
Das Brautpaar steht bereit. Habt Ihr
die Urkunden bei Euch?
(Der Notar zieht die Urkunde hervor.)
Bestens.
BASILIO. Nur gemach.
Don Bartolo ... wo ist er? ...
GRAF *(nimmt Basilio beiseite, streift sich einen Ring vom Finger und bedeutet ihm zu schweigen).*
He, Don Basilio,
dieser Ring ist für Euch.
BASILIO. Doch ich ...
GRAF *(zieht eine Pistole).* Für Euch
hätt' ich auch zwei Kugeln ins Gehirn,
falls Ihr Euch widersetzt.
BASILIO *(nimmt den Ring).* Oh, ich nehm den Ring.
Wer unterschreibt? ...
GRAF *und* ROSINE. Wir sind da.
(Sie unterschreiben.)

CONTE. Son testimoni
Figaro e Don Basilio. Essa è mia sposa.
FIGARO *e* BASILIO. Evviva!
CONTE. Oh, mio contento!
ROSINA. Oh, sospirata mia felicità!
FIGARO. Evviva!
(Nell'atto che il Conte bacia la mano a Rosina, Figaro abbraccia goffamente Basilio, ed entrano Don Bartolo e un Uffiziale con soldati.)

Scena ultima

Bartolo, un Uffiziale con soldati, e detti.

BARTOLO *(additanto Figaro ed il Conte all'Alcade ed ai soldati, e slanciandosi contro Figaro).*
Fermi tutti. Eccoli qua.
UFFIZIALE. Colle buone, signor.
BARTOLO. Signor, son ladri.
Arrestate, arrestate.
UFFIZIALE. Mio signore,
Il suo nome?
CONTE. Il mio nome
È quel d'un uom d'onor. Lo sposo io sono
Di questa ...
BARTOLO. Eh, andate al diavolo! Rosina
Esser deve mia sposa: non è vero?
ROSINA. Io sua sposa? Oh, nemmeno per pensiero.
BARTOLO. Come? Come, fraschetta?
(Additando il Conte.)
Arrestate, vi dico,
È un ladro.
FIGARO. Or or l'accoppo.
BARTOLO. È un furfante, è un briccon.
UFFIZIALE *(al Conte).* Signore ...

GRAF. Zeugen sind
Figaro und Don Basilio. Diese ist meine Gattin.
FIGARO *und* BASILIO. Gratuliere!
GRAF. Oh, ich Glücklicher!
ROSINE. Oh, ersehntes Glück!
FIGARO. Gratuliere!
(Während der Graf Rosine die Hand küßt, umarmt Figaro derb Basilio; es treten ein Don Bartolo sowie ein Offizier mit Soldaten.)

Letzte Szene

Bartolo, ein Offizier mit Soldaten, die Vorigen.

BARTOLO *(zeigt dem Offizier und den Soldaten Figaro und den Grafen, während er sich Figaro nähert).*
Haltet ein. Da sind sie.
OFFIZIER. Ruhig Blut, mein Herr.
BARTOLO. Mein Herr, das sind Diebe.
Verhaftet sie, verhaftet sie.
OFFIZIER. Mein Herr,
Euer Name?
GRAF. Mein Name
ist der eines Mannes von Ehre. Der Gatte bin ich
dieser ...
BARTOLO. He, geht zum Teufel! Rosine
muß meine Braut werden: stimmt's nicht?
ROSINE. Ich seine Braut? Oh, nicht im Traum.
BARTOLO. Wie? Wie, du Schlange?
(Zeigt auf den Grafen.)
Verhaftet ihn, ich sage Euch,
er ist ein Dieb.
FIGARO. Jetzt erschlag ich ihn.
BARTOLO. Ein Betrüger, ein Bandit.
OFFIZIER *(zum Grafen).* Mein Herr ...

CONTE. Indietro!
UFFIZIALE *(con impazienza).* Il nome?
CONTE. Indietro, dico,
Indietro ...
UFFIZIALE. Ehi, mio signor! basso quel tono.
Chi è lei?
CONTE. Il Conte d'Almaviva io sono.

No. 18 Recitativo strumentato

BARTOLO. Il Conte! Ah, che mai sento!
Ma cospetto! ...
CONTE. T'accheta, invan t'adopri,
Resisti invan. De' tuoi rigori insani
Giunse l'ultimo istante. In faccia al mondo
Io dichiaro altamente
Costei mia sposa.
(A Rosina.) Il nostro nodo, o cara,
Opra è d'amore. Amore,
Che ti fe' mia consorte,
A te mi stringerà fino alla morte.
Respira omai: del fido sposo in braccio,
Vieni, vieni a goder sorte più lieta.
BARTOLO. Ma io ...
CONTE. Taci ...
BASILIO. Ma voi ...
CONTE. Olà, t'accheta.

No. 19 Aria

Cessa di più resistere,
Non cimentar mio sdegno.
Spezzato è il gioco indegno
Di tanta crudeltà.
Della beltà dolente,
D'un innocente amore
L'avaro tuo furore
Più non trionferà.

GRAF. Zurück!
OFFIZIER *(mit Ungeduld)*. Der Name?
GRAF. Zurück, sag ich, zurück ...
OFFIZIER. He, mein Herr! Nicht diesen Ton. Wer seid Ihr?
GRAF. Graf Almaviva bin ich.

Nr. 18 Accompagnato-Rezitativ

BARTOLO. Der Graf! Ha, was hör ich! Doch zum Teufel! ...
GRAF. Beruhige dich, umsonst widersetzt, umsonst sträubst du dich. Deiner wütenden Strenge schlug die letzte Stunde. Vor aller Welt
erkläre ich diese
feierlich zu meiner Braut.
(Zu Rosine.) Uns verbindet, o Geliebte,
die Macht der Liebe. Liebe
machte dich zu meiner Gattin,
sie wird mich an dich binden bis zum Tod.
Atme nun auf, am Arm des treuen Bräutigams,
komm, komm, ein fröhlicheres Leben zu genießen.
BARTOLO. Aber ich ...
GRAF. Schweig ...
BASILIO. Aber Ihr ...
GRAF. Oh, beruhige dich.

Nr. 19 Arie

Sträube dich nicht länger,
bring mich nicht in Rage.
Beendet ist das unwürdige Spiel
von solcher Grausamkeit.
Über betrübte Schönheit,
über unschuldige Liebe
wirst du geiziger Wüterich
nimmer triumphieren.

E tu, infelice vittima
D'un reo poter tiranno,
Sottratta al giogo barbaro,
Cangia in piacer l'affanno
E in sen d'un fido sposo
Gioisci in libertà,
Cari amici . . .
CORO. Non temete.
CONTE. Questo nodo . . .
CORO. Non si scioglie,
Sempre a lei vi stringerà.
CONTE. Ah, il più lieto, il più felice
È il mio cor de' cori amanti;
Non fuggite, o lieti istanti
Della mia felicità.
CORO. Annodar due cori amanti
È piacer che egual non ha.

Recitativo

BARTOLO. Insomma, io ho tutti i torti . . .
FIGARO. Eh, purtroppo è così!
BARTOLO *(a Basilio).* Ma tu, briccone,
Tu pur tradirmi e far da testimonio! . . .
BASILIO. Ah, Don Bartolo mio, quel signor Conte
Certe ragioni ha in tasca,
Certi argomenti a cui non si risponde.
BARTOLO. Ed io, bestia solenne,
Per meglio assicurare il matrimonio,
Io portai via la scala del balcone.
FIGARO. Ecco che fa un'»Inutil precauzione«.
BARTOLO. Ma . . . e la dote? io non posso . . .
CONTE. Eh, via; di dote
Io bisogno non ho: va, te la dono.
FIGARO. Ah, ah! ridete adesso?
Bravissimo, Don Bartolo,
Ho veduto alla fin rasserenarsi

Und du, unglückliches Opfer
finsterer Tyrannenmacht,
barbarisch unterjocht,
verwandle den Kummer in Freude,
und in den Armen deines treuen Bräutigams
genieß die Freiheit ...
Liebe Freunde ...
CHOR. Fürchtet nichts.
GRAF. Dieses Band ...
CHOR. Es reißt nicht,
immer wird's euch an sie binden.
GRAF. Ach, der Heiterste, der Glücklichste
aller Verliebten bin ich;
flieht nicht, o heitere Augenblicke
meines Glücks.
CHOR. Zwei liebende Herzen zu verbinden
ist Freude ohnegleichen.

Rezitativ

BARTOLO. Also hatte ich ganz unrecht ...
FIGARO. Eh, leider ja!
BARTOLO *(zu Basilio).* Doch du, Halunke,
hast mich verraten und den Zeugen gespielt! ...
BASILIO. Ach, Don Bartolo, dieser Herr Graf
hat gewisse Gründe in der Tasche,
gewisse Argumente, auf die man nichts erwidern kann.
BARTOLO. Und ich gewaltiges Rindvieh zog,
um die Heirat zu sichern,
selbst die Leiter vom Balkon.
FIGARO. Das bewirkt eine »Vergebliche Vorsicht«.
BARTOLO. Ja ... und die Mitgift? Ich kann nicht ...
GRAF. Ach was, die Mitgift
brauch ich nicht: geh, ich schenk sie dir.
FIGARO. Haha! Nun lacht Ihr?
Bravissimo, Don Bartolo,
zu guter Letzt seh ich es aufgeheitert,

Quel vostro ceffo amaro e furibondo.
Eh, i bricconi han fortuna in questo mondo.
ROSINA. Dunque, signor Don Bartolo?
BARTOLO. Sì, sì, ho capito tutto.
CONTE. Ebben, dottore?
BARTOLO. Sì, sì, che serve? quel ch'è fatto è fatto.
Andate pur, che il ciel vi benedica.
FIGARO. Bravo, bravo, un abbraccio;
Venite qua, dottore.
ROSINA. Ah, noi felici!
CONTE. Oh, fortunato amore!

No. 20 Finaletto II

FIGARO. Di sì felice innesto
Serbiam memoria eterna;
Io smorzo la lanterna;
Qui più non ho che far.
(Smorza la lanterna.)
ROSINA. Costò sospiri e pianti
Un sì felice istante:
Alfin quest'alma amante
Comincia a respirar.
CORO. Amore e fede eterna
Si vegga in voi regnar.

Fine

Euer finsteres und wütendes Gesicht.
Ja, die Schurken haben Glück auf dieser Welt.
ROSINE. Nun also, Don Bartolo?
BARTOLO. Ja, ja, ich hab verstanden.
GRAF. Nun, Doktor?
BARTOLO. Ja, ja, was nützt es? Geschehen ist geschehen.
Geht nur, der Himmel segne Euch.
FIGARO. Bravo, bravo, seid umarmt;
kommt doch, Doktor.
ROSINE. Ach, wir Glücklichen!
GRAF. Oh, Liebesglück!

Nr. 20 Finaletto II

FIGARO. Einer so glücklichen Fügung
werden wir uns ewig erinnern;
ich lösch die Laterne;
hier bleibt mir nichts mehr zu tun.
(Er löscht die Laterne.)
ROSINE. Seufzer und Tränen kostete
dieser so glückliche Moment:
meine liebende Brust
beginnt endlich frei zu atmen.
CHOR. Mögen Liebe und ewige Treue
euch regieren.

Ende

Nachwort

Haarige Geschichten

Beaumarchais, Paisiello, Cesare Sterbini und Rossini

I

Figaro braucht keinen Vater. Als der sympathische Hansdampf in allen Gassen 1775 in der Komödie *Le Barbier de Séville ou la Précaution inutile* (*Der Barbier von Sevilla oder die unnütze Vorsicht*) von Pierre-Augustin Caron de Beaumarchais (1732–99) das Licht der Welt erblickte, war er ein Findelkind; neun Jahre später, in *La Folle Journée, ou le Mariage de Figaro* (*Der tolle Tag oder Figaros Hochzeit*) wird sich herausstellen, daß er der uneheliche Sohn jenes Doktor Bartolo ist, dem er in dem früheren Stück ziemlich übel mitgespielt hat. Diese Entdeckung hindert Figaro, der bis dahin sehr gut allein zurechtgekommen ist, freilich nicht daran, seine Angelegenheiten auch in Zukunft so zu regeln, wie es ihm gefällt. Er hat sich von seinem Vater schon emanzipiert, ehe er ihn kannte.
In ähnlicher Weise emanzipiert sich die literarische Figur Figaro von ihrem Schöpfer Beaumarchais. *La Folle Journée*, wegen der respektlos kritischen Darstellung des Adels erst verboten, dann aus demselben Grund vom Publikum begeistert aufgenommen, liefert 1786, nur zwei Jahre nach der Uraufführung, Lorenzo Da Ponte die Vorlage für das Libretto zu Mozarts *Le nozze di Figaro*. Die Oper verdrängt Beaumarchais' Komödie nicht ganz von der Bühne; aber die Musik verleiht den Figuren so unmittelbare Lebendigkeit, daß Mozarts Version wie das Original und das Sprechstück wie die Bearbeitung wirkt. Beim *Barbier von Sevilla* ist diese Entwicklung noch deutlicher: Beaumarchais' Schauspielversion hatte von vornherein weniger Erfolg als später *La Folle Journée*; für das 19. und 20. Jahrhundert gibt es nur

noch einen *Barbier*, und der ist von Rossini. Zumindest im Ansatz vollzieht Figaro die Entwicklung zum literarischen Mythos: Spätere Generationen glauben Beaumarchais nicht mehr, daß er alles über ihn weiß – so wie Cervantes nicht die ganze Geschichte Don Quijotes und Tirso de Molina nicht alle Abenteuer Don Juans kannte. Die Nachwelt traut Beaumarchais um so weniger, als er 1792, drei Jahre nach dem Sturm auf die Bastille, das um zwanzig Jahre gealterte Personal der *Folle Journée* ins revolutionäre Paris versetzte und mit dem bürgerlichen Rührstück *La Mère coupable ou l'Autre Tartuffe* (*Die schuldige Mutter oder Der neue Tartuffe*) die Geschichte seines Helden zu einem eher matten Abschluß brachte. Im 20. Jahrhundert meint man es besser zu wissen: Bei Ödön von Horváth läßt Figaro sich scheiden (1937), bei Peter Turrini (*Der tollste Tag*, 1972) ermordet er den Grafen, weil er Susanna nicht anders vor dessen Brutalität schützen kann.

Seinem verlorenen Sohn hat Beaumarchais manches von sich selbst mitgegeben: Zu Beginn des *Barbier de Séville* zählt Figaro rund ein halbes Dutzend Berufe auf, in denen er sich versucht hat, Kammerdiener, Pferdedoktor, Gelegenheitsdichter, Komödienschreiber, Journalist und zuletzt natürlich Barbier. Der Autor Beaumarchais hat eine noch längere und mindestens ebenso heterogene Liste aufzuweisen: Uhrmacher, Musiklehrer (seine Schülerinnen sind immerhin die Töchter Ludwigs XV.), Friedensrichter, Theaterdichter, Geheimagent im Dienst Seiner Majestät, Verleger der Werke Voltaires und ein Geschäftsmann, der mit wechselndem Erfolg die jeweilige politische Lage für seine internationalen Transaktionen auszunutzen sucht. Auch Spanien, den Schauplatz seiner ersten beiden Figaro-Stücke, kannte Beaumarchais von einem längeren Aufenthalt in Madrid her. Dennoch wäre es ein Irrtum, in Figaro ein Selbstporträt des Dichters zu sehen: Mehr noch als von seinen eigenen Erfahrungen läßt sich Beaumarchais von der Komödien-Tradition leiten.

Der griesgrämige, mißtrauische Vormund (Bartholo), der Verliebte, der nicht recht weiß, wie er sein Ziel erreichen soll (Almaviva), und der schlaue Diener, der die Angelegenheit zum guten Abschluß bringt (Figaro), bilden ein Dreieck, das seit der antiken Komödie (z. B. Plautus) immer wieder vorkommt; im italienischen Stegreif-Theater, der Commedia dell'arte, sind die drei zu festen Typen geworden: der Verliebte (*Amoroso*), dem der einfallsreiche Diener (der *Zanni*, je nach Region Arlecchino, Brighella oder anders geheißen) zur Seite und der Alte (der *Vecchio*, entweder der venezianische Kaufmann Pantalone oder der Dottore aus Bologna) im Wege steht; sie spielen in zahllosen Stücken ihre immer gleichen Rollen. Folglich muß auch die Handlung stets gleich oder zumindest sehr ähnlich sein: Nach den obligatorischen Verwicklungen, die den Schauspielern die Möglichkeit zu phantasievoller (natürlich vorher abgesprochener!) Improvisation bieten, kommt das Liebespaar zusammen.

Le Barbier de Séville übernimmt dieses Handlungsschema; die Art, wie Beaumarchais es abwandelt – ein verliebter Vormund, dessen Mündel einen anderen liebt –, war in der Komödie *Les Folies amoureuses* (1704) von Jean-François Regnard vorgebildet.[1] Diese enge Anlehnung an das Commedia-dell'arte-Modell dürfte nicht unbedingt den Erwartungen des Publikums entsprochen haben und mochte fast schon anachronistisch wirken: Goldonis Theaterreform hatte dazu geführt, daß seit der Mitte des 18. Jahrhunderts die Commedia-dell'arte-Masken (wie Arlecchino und Pantalone) nach und nach aus dem italienischen und aus dem französischen Theater im italienischen Stil verdrängt worden waren; 1775 ist diese Entwicklung noch nicht abgeschlossen, aber die Diener treten mehr und mehr in den Hintergrund, und die Herrschaften nehmen ihr Schicksal

1 Vgl. Sylviane Falcinelli, »À propos d'une pièce et d'un livret …«, in: *L'Avant-Scène Opéra* 37 (décembre 1981): *Rossini, Le Barbier de Séville*, Paris 1989 [Nachdr.], S. 16f.

selbst in die Hand.[2] Dadurch komplizieren sich freilich die sozialen Beziehungen, wie ein Vergleich zwischen dem *Barbier de Séville* und der *Folle Journée* zeigt.

Im *Barbier* ist Figaro ein typischer Commedia-dell'arte-Diener; sein Verhältnis zu Almaviva wie zu Bartholo ist klar und eindeutig: Er dient dem Grafen, weil der ihn bezahlt; er wird zum Gegner des Doktors, weil der zwischen ihm und einer Handvoll Gold steht. In der *Folle Journée* handelt Figaro dagegen nicht mehr im Auftrag eines anderen, als Suzannes Bräutigam verfolgt er eigene Interessen und gerät prompt in eine Konfliktsituation: Er ist nach wie vor der Diener des Grafen, aber seine Loyalität stößt da an ihre Grenze, wo sein Herr ihm Hörner aufsetzen will; andererseits kann er es sich aber nicht leisten, diesen Herrn zu brüskieren, deshalb sucht er Almavivas Pläne durch List zu durchkreuzen. Der Graf seinerseits muß nicht nur auf seine Ehefrau, sondern auch auf Figaro Rücksicht nehmen, dem er immerhin zu Dank verpflichtet ist, und geht deshalb so diskret wie möglich vor. Auch die anderen Figuren sehen sich Interessenkonflikten ausgesetzt: Suzannes Handeln etwa wird von ihrer Liebe zu Figaro und von der Loyalität zu ihrer Herrin, der Gräfin, bestimmt, aber auch von dem Wunsch, sich das Wohlwollen des Grafen nicht zu verscherzen. Dadurch, daß *La Folle Journée* die Protagonisten in ein Netz sozialer Beziehungen einbindet, das zu ständiger gegenseitiger Rücksichtnahme nötigt, bildet das Stück die Lebensverhältnisse in der bürgerlichen Gesellschaft ab; verglichen mit *Le Barbier de Séville*, wo das Verhältnis zwischen Herr und Diener dominiert, erweist sich das spätere Stück damit als moderner. Hier dürfte einer der Gründe für den größeren Erfolg der *Folle Journée* liegen (diese Komödie brachte es in vier Monaten auf 50 Aufführungen, *Le Barbier*

2 Zum Folgenden vgl. Albert Gier, »Harlekin lernt singen. Figuren der Commedia dell'arte im Musiktheater«, erscheint 1994 in den Akten des Symposions *Die lustige Person auf der Bühne* (Salzburg, August 1993).

de Séville in vier Jahren)[3]; noch wichtiger waren freilich die massive Kritik, die der Figaro der *Folle Journée* an den Privilegien des Adels übte, und die Reklame, die Ludwig XVI. dem Stück durch ein viel zu spät aufgehobenes Aufführungsverbot (1781–84) verschaffte.

II

Eigentlich hätte *Le Barbier de Séville* eine Oper werden sollen; jedenfalls bot Beaumarchais eine erste Fassung seines Stückes, die sich vom uns bekannten Text wesentlich unterschieden haben dürfte, 1772 der Opéra-Comique als Libretto an. Ein Relikt dieser früheren Version sind wohl die fünf Musiknummern in der Komödie: Bei seinem ersten Auftritt (I,2) ist Figaro damit beschäftigt, ein Trinklied zu dichten; wenig später (I,6) bringt Almaviva Rosine ein Ständchen, in dem er ihr seinen (falschen) Namen nennt und seine Liebe gesteht. Im dritten Akt (Szene 4) gibt der als Musiklehrer Alonzo verkleidete Graf Rosine eine Musikstunde, sie singt eine Arie »aus der neuen Oper ›La Précaution inutile‹«; Bartholo, der diese Art Musik nicht mag, antwortet mit einem Liedchen, das in seiner Jugend beliebt war (III,5). Jede der vier Hauptfiguren hat also eine Gesangsnummer, hinzu kommt noch die »Gewitter-Musik« des Orchesters zwischen dem dritten und dem vierten Akt. Immer wieder wurde darauf hingewiesen, daß auch die Tirade, in der Bazile Bartholo die Wirkung einer Verleumdung beschreibt (III,8), mit der Steigerung von »pianissimo« über »piano, piano« und »rinforzando« zu »crescendo« (italienische Termini im französischen Text), von vornherein auf eine Vertonung angelegt scheint (Paisiello wie Rossini haben diese »Verleumdungs-Arie« vertont). Es war also nur natürlich, daß sich die Opernkomponisten

3 Vgl. die »Notice« des Herausgebers in: Beaumarchais, *Théâtre. Le Barbier de Séville – Le Mariage de Figaro – La Mère coupable*, Chronologie et préface par René Pomeau, Paris 1965, S. 18.

durch Beaumarchais' Komödie herausgefordert fühlten. Von 1776, als Friedrich Ludwig Benda in Dresden das Singspiel *Der Barbier von Sevilla oder Die unnötige Vorsicht* zur Aufführung brachte, bis 1922 entstand ungefähr ein Dutzend *Barbier*-Opern.

Am erfolgreichsten war zunächst *Il barbiere di Siviglia ovvero la precauzione inutile* (1782) von Giovanni Paisiello (1740–1816), einem der berühmtesten Komponisten seiner Zeit. Als Stendhal 1823 seine Biographie des gerade einunddreißigjährigen Rossini veröffentlichte, stellte er ihm Domenico Cimarosa (1749–1801) und Paisiello als die beiden größten Meister der vorigen Generation gegenüber; er schrieb:

»Paisiello bewegt nie so tief wie Cimarosa; in der Seele des Zuschauers erweckt er nicht die Bilder, durch die die tiefen Leidenschaften zum Genuß werden. Seine Gefühle gehen kaum je über das Anmutige hinaus, aber auf diesem Gebiet hat er Vorzügliches geleistet [. . .]. Paisiellos auffälligste Eigenheit besteht darin, dieselbe Gesangspassage mehrfach zu wiederholen, jedesmal mit neuen Reizen, die sie tiefer in die Seele des Zuschauers eindringen lassen.«[4]

Seit 1776 wirkte Paisiello als Kapellmeister und Hauskomponist der russischen Zarin Katharina II. in Sankt Petersburg. Beaumarchais' Komödie war dort mit Erfolg aufgeführt worden; das Publikum war also mit dem Inhalt des Stücks vertraut – ein bedeutender Vorteil für eine Opern-Adaptation, denn die russischen Zuschauer liebten zwar die italienische Musik, verfügten aber nicht über ausreichende Sprachkenntnisse, um den gesungenen Text zu verstehen. Paisiello bestellte also in Italien ein Libretto nach Beaumarchais, bei Giuseppe Petrosellini, einem erfahrenen Textdichter, der häufig mit erfolgreichen Komponisten wie Salieri und Cimarosa zusammenarbeitete (möglicherweise stammt

4 Stendhal, *Vie de Rossini*, Introduction; vgl. die deutsche Ausgabe: Stendhal, *Rossini*, aus dem Französischen von Barbara Brumm, Frankfurt a. M. 1988, S. 11 f.

auch der Text zu Mozarts Oper *La finta giardiniera* von ihm).

Paisiello gab seinem Librettisten genaue Anweisungen:[5] Vor allem kurz sollte die Oper sein, auf keinen Fall durfte sie länger dauern als anderthalb Stunden, und möglichst wenig Rezitative sollte sie enthalten. Die Zuschauer sollten den Handlungsablauf des Schauspiels wiedererkennen, also durften keine Szenen umgestellt oder weggelassen werden – statt dessen verkürzte und vereinfachte Petrosellini die Dialoge innerhalb der Szenen, ließ vor allem Pointen und Bonmots weg, die das russische Publikum ohnehin nicht verstanden hätte. Diese »banalisierte«[6] Version, die ganz auf die Situation in Sankt Petersburg zugeschnitten war, hatte dann allerdings in ganz Europa erstaunlichen Erfolg; Paisiellos *Barbiere* wurde schon 1783 in Italien und in Wien, 1784 in Frankreich gespielt und hielt sich im Repertoire, bis er von Rossinis Oper verdrängt wurde.[7]

Außerhalb Frankreichs traf Paisiellos Oper auf ein Publikum, das die Komödie von Beaumarchais sehr viel weniger gut kannte als die Konventionen der Opera buffa – und ebendiese Konventionen haben Petrosellini und Paisiello in geradezu musterhafter Weise respektiert. Bei ihnen ist Bartolo die zentrale Figur:[8] Er hat zwei Solo-Nummern, eine

5 Zum Folgenden vgl. Daniela Goldin, »Le Barbier de Séville: de Beaumarchais à Paisiello«, in: *L'Avant-Scène Opéra* 37 (s. Anm. 1) S. 172 bis 180.

6 Vgl. ebd., S. 179.

7 Vgl. Silke Leopold, »Paisiello: Il barbiere di Siviglia«, in: *Pipers Enzyklopädie des Musiktheaters. Oper – Operette – Musical – Ballett*, hrsg. von Carl Dahlhaus und dem Forschungsinstitut für Musiktheater der Universität Bayreuth unter Leitung von Sieghart Döhring, Bd. 4, München/Zürich 1991, S. 634–637.

8 Vgl. Angelo Foletto, »Da ›Fils Caron‹ à Figaro: un pre-rivoluzionario filosofo barbiere adottato dall'opera comica italiana«, in: *Robespierre & Co. Atti della ricerca sulla Letteratura Francese della Rivoluzione*, diretta da Ruggero Campagnoli, 4: *Il Melodrammatico*, Quinto Seminario Internazionale Centro Interfacoltà Sorelle Clarke dell'Università di Bologna Bagni di Lucca, 6–7–8 novembre 1989 a cura di Michela Mengoli, Bologna 1992, S. 325–348, bes. S. 333f.

mehr als Figaro, Almaviva und Basilio (nur Rosina hat ebenfalls zwei), und ist an sechs von neun Duetten und Ensembles beteiligt. Vergleicht man Paisiellos *Barbiere* mit seinem französischen Vorbild, dann scheinen Figaro und Bartolo in der Hierarchie der Personen die Plätze getauscht zu haben: Unter den drei Bässen Bartolo, Figaro und Basilio nimmt die zentrale Stellung traditionell der Buffo ein; für Figaro, der doch der heimliche Regisseur des Spiels sein sollte, bleibt nur eine Nebenrolle, nicht viel anders als für Basilio. Bei Rossini steht Figaro, der Bariton, gleichberechtigt neben Baß (Bartolo) und Tenor (Almaviva); aber Rossini selbst hatte das Bariton-Fach erst offiziell etabliert, zu Paisiellos Zeit unterschied man nur zwischen Tenor und Baß.[9]

Wenn Bartolo im Mittelpunkt steht, muß sich das auf das Tempo des Geschehens auswirken: Der Doktor ist ein alter Mann, der nicht nur körperlich, sondern auch geistig einiges an Beweglichkeit eingebüßt hat; die ganze Oper hindurch läßt er sich von Rosina, Figaro und Almaviva betrügen. Gerade hinsichtlich der Geschwindigkeit macht es aber einen Unterschied, ob man beobachtet, wie ein Taschenspielertrick ausgeführt wird, oder ob man arglos hinterherschaut. Mit Bartolo kommt eine gewisse Gemächlichkeit ins Spiel; Beaumarchais aber wollte Geschwindigkeit, das war ihm so wichtig, daß er sich – wie er im Vorwort der Druckfassung zum *Barbier* vermerkt[10] – wegen der Langsamkeit der Musik mit ihren vielen Dakapos entschloß, sein Stück als Komödie und nicht als Oper zu konzipieren.

Dieses Tempo Beaumarchais', das im wesentlichen das Tempo Figaros ist, geht bei Paisiello völlig verloren. Die besonderen äußeren Bedingungen, unter denen er seinen *Bar-*

9 Vgl. Dominique Pavesi, »La symbolique des voix«, in: *Colloque de Cerisy 1985. Littérature et Opéra*, Textes recueillis par Philippe Berthier et Kurt Ringger, Grenoble 1987, S. 165–176, bes. S. 167.

10 »Lettre modérée sur la chute et la critique du Barbier de Séville«, in: *Théâtre* (s. Anm. 3) S. 39f.

biere komponierte, haben zu einer Art Literaturoper *avant la lettre* geführt; das Resultat beweist aber mit hinreichender Deutlichkeit, daß eine Adaptation, die der französischen Vorlage Szene für Szene (und oft genug Zeile für Zeile) folgt, zugleich aber die Konventionen der Opera buffa respektiert, das Original verrät. Rossini und sein Librettist hatten nicht zuletzt deshalb mehr Erfolg, weil sie diesen Fehler vermieden haben.

III

Eine grundsätzlich andere Einstellung zum Tempo ergibt sich schon aus den Entstehungsbedingungen der Oper von Rossini: Sein *Barbiere di Siviglia* wurde am 20. Februar 1816 in Rom uraufgeführt; Cesare Sterbini verfaßte das Libretto in der Zeit vom 18. bis zum 29. Januar. Nimmt man an, daß die Komposition eine Woche vor der Premiere abgeschlossen wurde – das Ausschreiben der Orchesterstimmen und die Bühnenproben nahmen jedenfalls mehrere Tage in Anspruch –, so hätte Rossini nach Erhalt des vollständigen Librettos höchstens sechzehn Tage Zeit für die Komposition gehabt;[11] selbst wenn Sterbini ihm vorher schon Teile des Textes lieferte, blieben insgesamt weniger als vier Wochen. Daraus ergeben sich mehrere Schlußfolgerungen: Während der Arbeit an der Partitur hatte Rossini sicher keine Möglichkeit mehr, dem Librettisten grundlegende Änderungen in der Konzeption des Stückes abzuverlangen; für die Überarbeitung ganzer Szenen hätte die Zeit nicht ausgereicht. Natürlich hätte er seine Vorstellungen vorher einbringen können (Rossini war schon im Dezember in Rom, am 15. hatte er mit dem Teatro di Torre Argentina den Vertrag wegen des *Barbiere* geschlossen)[12], und daß er Sterbinis Text nicht kritiklos akzeptierte, beweisen stili-

11 Vgl. Jacques Gheusi, »La première du Barbier de Séville«, in: *L'Avant-Scène Opéra* 37 (s. Anm. 1) S. 8f.

12 Vgl. ebd.

stische Änderungen, die er während der Komposition vornahm.[13]
Die Umstände nötigten den Librettisten und den Komponisten zu einer quasi-industriellen Produktionsweise. So mag die aberwitzige Geschwindigkeit, die die Musik an manchen Stellen erreicht, die Hektik ihrer eigenen Entstehung abbilden; im Finale des ersten Akts ist von der »orrida fucina«, der »Feuerschmiede«, die Rede, wo die schweren Hämmer pausenlos auf den Amboß schlagen, aber das Crescendo, das, wenn man es ernst nimmt, in ohrenstrapazierendem Getöse enden muß, macht deutlich, daß es sich um Dampfhämmer handelt. Die Figuren auf der Bühne sind von den Ereignissen überrollt worden und wissen nicht mehr, wo ihnen der Kopf steht, genau wie am Ende des ersten Akts der *Italiana in Algeri* (1813), für den Rossini sein aberwitzigstes Finale überhaupt schrieb; aber dort flüchtete sich noch jeder in seine eigene, possierliche Verrücktheit, im *Barbiere* fühlen sich alle gemeinsam und weitgehend unisono in eine Fabrikhalle versetzt. Der Mensch wird zum Opfer der Maschine, die er (getreu der Sichtweise der Aufklärer) selbst ist: Im Orchester tragen nur zahme, fast zigeunerbaron-artige Hammerschläge auf den Amboß zur Schaffung der Atmosphäre bei, für den Industrielärm haben die Sänger zu sorgen – erinnert man sich an die Mißbilligung, die Rossini später dem mit Bruststimme gesungenen hohen C des Tenors Duprez entgegenbrachte,[14] wird man die hier entwickelte Lautstärke als Kritik an der schönen neuen Welt der Technik verstehen.
Bei Beaumarchais hat diese Vorwegnahme der industriellen Revolution keine Entsprechung; nachdem der verkleidete Almaviva rasch hinauskomplimentiert worden ist, stellt

13 Vgl. Alberto Zedda, »Introduction«, in: *L'Avant-Scène Opéra* 37 (s. Anm. 1) S. 22.

14 Vgl. Rodolfo Celletti, »Arnold, ou l'invention de l'UT de poitrine«, in: *L'Avant-Scène Opéra* 118 (mars 1989): *Rossini, Guillaume Tell*, Paris 1989, S. 106f.

Bartholo Rosine hier unter vier Augen wegen des Briefes zur Rede, den der Graf ihr zugesteckt hat. – Petrosellini folgt dem Vorbild auch an dieser Stelle, so daß Paisiello den Akt wenig spektakulär mit einer Cavatina Rosinas beschließen muß. – Zwar behält auch Sterbini den Handlungsablauf der französischen Komödie in großen Zügen bei, aber er verschiebt das Gewicht zwischen den Einzelszenen, baut zwei Zeilen Monolog zu einer Arie aus oder faßt ein langes Gespräch zu einer kurzen Rezitativ-Passage zusammen, wenn das um des dramatisch-musikalischen Effekts willen geboten erscheint. So hat er auch den Streit zwischen Bartolo und dem verkleideten Almaviva zugespitzt und damit die Voraussetzungen für ein großes Finale mit allen Solisten und dem Chor der Wachsoldaten geschaffen.

Cesare Sterbinis Text ist ein Musterbeispiel für ein geglücktes Libretto, weil der Verfasser jeglichen literarischen Ehrgeiz hintangestellt und mit Erfolg versucht hat, der Musik optimale Entfaltungsmöglichkeiten zu schaffen. Wenn man seinen *Barbiere di Siviglia* liest, sollte man sich immer Rossinis Melodien dazu vorstellen, andernfalls tut man dem Librettisten unrecht. Für die Stretta am Ende des ersten Akts schrieb Sterbini ein Dutzend Verse, aber im Grunde lieferte er dem Komponisten nur ein Stichwort: *fucina*; vielleicht in der (wahrscheinlich zutreffenden) Annahme, daß die Zuschauer auch im günstigsten Falle ohnehin nicht mehr als dieses eine Wort werden heraushören können. Mehr müssen sie aber auch gar nicht verstehen, denn den ohrenbetäubenden Lärm, den die folgenden Verse schildern, drückt die Musik sehr viel direkter und überzeugender aus.

Der hohe Rang des Komponisten Rossini beruht wesentlich darauf, daß er mit genuin musikalischen Mitteln Personen zu charakterisieren oder Geschichten zu erzählen versteht. Das ist wohlgemerkt das Gegenteil von Tonmalerei – Basilios Verleumdungsarie (Nr. 7), die mit ganz ähnlichem Text auch in Paisiellos Oper vorkommt, zeigt es deutlich: Wenn im Text von Blitz und Donner die Rede ist, komponiert

Paisiello Blitz und Donner; Rossini komponiert das Crescendo. Der Text ist nur ein Mittel, um das Geschehen zu ermöglichen, das sich in der Musik abspielt.
Figaros Auftritts-Cavatina (Nr. 3) – mit Sicherheit die berühmteste Gesangsnummer, die Rossini je komponiert hat – unterstreicht das. Der Text besteht aus extrem kurzen Versen (Viersilbern, die nach den Regeln der italienischen Metrik vier, fünf oder sechs Silben haben können); er wirkt dadurch gehetzt, atemlos, was zum Charakter der Figur hervorragend paßt, andererseits ist es einigermaßen schwierig, in so kurzen Versen eine substantielle Aussage zu formulieren: Der lange Text besteht zu einem großen Teil aus Aufzählungen und Ausrufen. Der aufmerksame Zuhörer weiß allerdings, noch ehe Figaro zu singen beginnt, mit wem er es zu tun hat: Das instrumentale Vorspiel verbindet zwei Motive; das erste trumpft mit Oktav- und Quintensprüngen auf und bezeichnet Figaros Selbstbewußtsein (auf diese Melodie singt er dann seine ersten vier Textzeilen):[15]

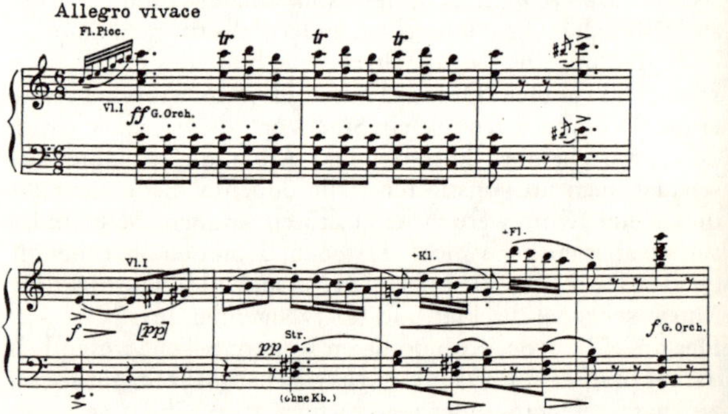

15 Gioacchino Rossini, *Der Barbier von Sevilla (Il Barbiere di Siviglia)*, nach dem Autograph der Partitur revidiert von Alberto Zedda (1969), Klavierauszug mit dt. und ital. Text hrsg. von A. Zedda, Mailand 1969.

Das zweite Motiv, das aus der Alternanz Tonika – Dominante entwickelt ist,[16] bildet die wieselige Geschäftigkeit des »Faktotums« ab:[17]

Dieses Motiv liegt der Stretta am Schluß zugrunde, die Figaros durchaus erfolgversprechende Versuche schildert, an mehreren Orten zugleich zu sein.

Für die meisten anderen Nummern der Partitur könnte man ebenfalls solche musikalischen Grundideen angeben; Rossinis Charakterisierungskunst läßt den gesungenen Text zwar nicht bedeutungslos werden, aber doch in den Hintergrund treten. Zumindest einen glücklichen Einfall allerdings wird man – jedenfalls bis zum Erweis des Gegenteils – Sterbini zuschreiben: Erst sein Libretto macht Figaro wirklich zum Barbier. In Beaumarchais' Komödie war er, wie wir gesehen haben (S. 138), ein gescheiterter Schriftsteller,

16 Vgl. Alberto Zedda, »Commentaire littéraire et musical«, in: *L'Avant-Scène Opera* 37 (s. Anm. 1) S. 31.
17 Siehe Anm. 15.

der nur der Not gehorchend Bartholo und seine Mitbürger rasiert (das blieb er auch bei Paisiello); in Beaumarchais' Fortsetzung *La Folle Journée* (und in Mozarts *Nozze di Figaro*) ist er wieder der Kammerdiener des Grafen und ginge seinem Herrn lieber an den Kragen als um den Bart.
Sterbinis Figaro dagegen liebt seinen Beruf: Ihm ist es ein Genuß, morgens seinen Laden aufzumachen, und im Duett Nr. 5 mit Almaviva schwärmt er von seinem stattlichen Geschäftslokal mit den fünf Perücken im Schaufenster. Übrigens ist er schon mehr Friseur im modernen Sinne als Bader: Zwar verabreicht er bei Bedarf noch Abführmittel, und er setzt Bartolos Dienerschaft mit Schlaf- und Niespulver außer Gefecht; aber während Paisiello das Gespräch des wütenden Doktors mit seinen ständig niesenden oder gähnenden Lakaien zu einem (übrigens sehr witzigen) Terzett ausgestaltet hat, beschränkt sich Rossini hier auf ein knappes Rezitativ, das vermutlich schon in zeitgenössischen Aufführungen häufig gestrichen wurde: Der Haarkünstler drängt den Quacksalber in den Hintergrund.
Indem Sterbini Figaro zum Barbier aus Leidenschaft machte, hat er ihn aus der Diener-Rolle und aus der Abhängigkeit von Almaviva befreit, die in der französischen Vorlage nicht mehr recht zeitgemäß schien: Rossinis Figaro ist immer noch kein Bürger – er ist nicht eingebunden in das soziale Beziehungsnetz des Bürgertums, er ist die Spinne, der dieses Netz den Lebensunterhalt sichert: Weil er zu jedem Haus Zutritt hat, sind alle, die heimliche Briefe zu bestellen oder Botschaften auszurichten haben, auf ihn angewiesen. Im Gegensatz zu seinem französischen Vorbild, das dem Grafen die Stationen seiner Irrfahrt durch alle spanischen Provinzen aufzählt, scheint der italienische Figaro nicht heimatlos: Er ist in Sevilla allgemein bekannt, hat sein Auskommen und würde dort wohl Wurzeln schlagen, wenn ihn nicht die Dankbarkeit des Grafen auf dessen Schloß lockte (*Le nozze di Figaro*). So rückt Figaro nicht nur musikalisch, sondern auch dramaturgisch betrachtet in

die Reihe der Hauptfiguren vor. Daß ihn noch in den fünfziger Jahren des 20. Jahrhunderts manche deutschen Friseure zum Namenspatron ihrer *botteghe* erkoren, war nur recht und billig.

Albert Gier